| 世界技能大赛
文献系列丛书

第44届
世界技能大赛最终报告
（中文版）

世界技能大赛中国（天津）研究中心　组织编写

余欣宁　译

 中国人力资源和社会保障出版集团

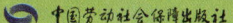中国劳动社会保障出版社　中国人事出版社

图书在版编目（CIP）数据

第44届世界技能大赛最终报告：中文版/世界技能大赛中国（天津）研究中心组织编写；余欣宁译. -- 北京：中国劳动社会保障出版社：中国人事出版社，2022

（世界技能大赛文献系列丛书）

ISBN 978-7-5167-5449-8

Ⅰ. ①第… Ⅱ. ①世… ②余… Ⅲ. ①职业技能－竞赛－研究报告－世界 Ⅳ. ①C975

中国版本图书馆CIP数据核字（2022）第137084号

中国劳动社会保障出版社
中国人事出版社 出版发行

（北京市惠新东街1号　邮政编码：100029）

*

三河市华骏印务包装有限公司印刷装订　新华书店经销

880毫米×1230毫米　16开本　8.75印张　227千字
2022年10月第1版　2022年10月第1次印刷
定价：35.00元

营销中心电话：400-606-6496
出版社网址：http://www.class.com.cn

版权专有　　侵权必究

如有印装差错，请与本社联系调换：（010）81211666
我社将与版权执法机关配合，大力打击盗印、销售和使用盗版图书活动，敬请广大读者协助举报，经查实将给予举报者奖励。

举报电话：（010）64954652

前言

2019年9月，习近平总书记对我国选手在第45届世界技能大赛上取得佳绩作出了重要指示，强调劳动者素质对一个国家、一个民族发展至关重要。技术工人队伍是支撑中国制造、中国创造的重要基础，对推动经济高质量发展具有重要作用。要健全技能人才培养、使用、评价、激励制度，大力发展技工教育，大规模开展职业技能培训，加快培养大批高素质劳动者和技术技能人才。要在全社会弘扬精益求精的工匠精神，激励广大青年走技能成才、技能报国之路。习近平总书记的重要指示为培养更多高素质技术技能人才、能工巧匠、大国工匠提供了根本遵循，为做好技能人才工作指明了方向。

世界技能大赛是加强技术技能人才培养选拔、促进优秀技能人才脱颖而出的重要途径，是弘扬工匠精神、培育大国工匠的重要载体。为贯彻习近平总书记重要指示，为我国参加世界技能大赛积累经验并取得更好的成绩，世界技能大赛中国（天津）研究中心组织编译了第41届～第45届世界技能大赛最终报告。

在世界技能大赛中国（天津）研究中心张玉洲、徐国胜的统筹安排下，《第41届世界技能大赛最终报告（中文版）》由郭达编译，《第42届世界技能大赛最终报告（中文版）》由杨文编译，《第43届世界技能大赛最终报告（中文版）》由高士晶编译，《第44届世界技能大赛最终报告（中文版）》由余欣宁编译，《第45届世界技能大赛最终报告（中文版）》由陈晓曦编译。在编译完成后，陈晓曦、张瑞、杨文、高士晶、余欣宁、郭达对五份报告进行了认真校对。

在本译著的编译过程中，人力资源社会保障部职业能力建设司、国际合作司、中国就业培训技术指导中心、国际交流服务中心、中国人力资源和社会保障出版集团给予了指导，众多世界技能大赛专家和业界同仁给予了支持，在此一并表示衷心感谢。同时，由于编译者水平有限，书中难免存在不足之处，也热诚欢迎广大读者朋友提出宝贵建议。

天津职业技术师范大学
世界技能大赛中国（天津）研究中心

目录

综合报告	9
联动阿联酋	19
欢迎嘉宾	29
开幕式和闭幕式	39
比赛	45
会议	61
赞助	69
宣传	77
2017年阿布扎比世界技能大赛的组织	89
附录	103

"你们这一代人所获取的知识、所学的技术必须是世界上最好的。"

"我们必须确保新一代人掌握知识和科学技术,这样才能够在全世界面前代表我们的竞争优势。我们唯一的选择是质量。"

在阿布扎比王储、阿联酋武装部队副最高指挥官谢赫穆罕默德·本·扎耶德·阿勒纳哈扬（Sheikh Mohamed bin Zayed Al Nahyan）殿下的赞助下，我们很荣幸于 2017 年 10 月 14 日至 19 日在阿布扎比主办了第 44 届世界技能大赛。

经过长期的期待和准备，阿布扎比职业技术教育和培训中心（ACTVET）和我作为其总干事，非常荣幸能够欢迎来自世界技能组织 59 个成员国和地区的近 1 300 名选手和超过 15 万名观众参加 2017 年阿布扎比世界技能大赛。

这次世界技能大赛是在阿联酋技能发展和职业教育的关键时刻举行的。毫无疑问，这次赛事对于促进阿联酋、海湾地区及其他地区的职业技术教育和培训（TVET）的进步具有催化作用。

在阿联酋政府的领导和全力支持下，我们努力发展壮大。在培训和教育上的投资是我们对青年发展的坚定承诺的一部分，青年发展是《阿联酋 2021 年愿景》和《阿布扎比 2030 年经济愿景》的基本组成部分。

很高兴通过会议和赛事，我们能够让世界各地的政府、教育、商业和工业领袖在 2017 年阿布扎比世界技能大赛上欢聚。毫无疑问，讨论和分享最佳实践有助于塑造全球技能议程。

阿布扎比的多样性在 2017 年阿布扎比世界技能大赛上展现得淋漓尽致。我们见证了青年通过"一校一队"项目以及首届国际职业技术教育和培训青年论坛正成为世界公民，年轻人受到鼓舞选择职业技能作为其职业机会，这意味着他们跨出了走向企业家精神的第一步，这将帮助阿联酋建设一个繁荣多样的未来。

我非常感谢在这次重要旅程中帮助我们的所有人——我们的政府、各界领袖、所有的合作伙伴，以及数量惊人的赞助商。我们很清楚，正是你们的支持才让这届世界技能大赛圆满落幕。

穆巴拉克·赛义德·沙姆西 Mubarak Saeed Al Shamsi
阿布扎比职业技术教育和培训中心总干事

在此我非常荣幸向您呈现2017年阿布扎比世界技能大赛最终报告。

多年来，我一直渴望有一天世界技能大赛能来到阿联酋，我很高兴我们取得了前所未有的成功。这次赛事不仅在参赛选手人数方面比往届都要多，而且在国家层面、区域层面乃至全球范围内的关注度也超过了预期。世界技能大赛是全球最高层次的职业技能展示窗口，全世界的目光都聚焦在主办城市阿布扎比，因此成就了我们最大的愿望。

我非常清楚，我很幸运能与最有才华、最敬业的团队一起工作，也得到了大量热情、忠诚的志愿者的帮助。为了筹备一场史上规模最大的世界技能大赛，他们不知疲倦。感谢他们为大赛成功做出的贡献。

我还要感谢我们的政府以及广大利益相关者和赞助商，感谢他们一路的支持和鼓励，其中许多人从阿联酋赢得第44届世界技能大赛主办权之前就开始支持和鼓励我们。举办这次世界技能大赛离不开真正的合作，不仅涉及阿布扎比酋长国，而且涉及整个阿联酋。

衷心感谢所有的世界技能组织同僚和朋友们，正是他们让大赛圆满成功——这些人包括世界技能委员会和秘书处成员、专家、团队领导、技术代表、场地经理，以及其他所有人！

现在我们将目光投向喀山，喀山将举办下一届世界技能大赛。我衷心祝愿各位在筹划和准备方面一切顺利，并期待着2019年世界技能大赛大获成功。

最后但同样重要的是，恭喜所有的参赛选手。你们的才能和技能的力量，让所有前来观看比赛的人深深感到震撼。

阿里·马尔佐奇 Ali Al Marzouqi
2017年阿布扎比世界技能大赛首席执政官

我由衷感谢所有参与举办第 44 届阿布扎比世界技能大赛的人。这是世界技能大赛首次在中东地区举办，参赛人数有史以来最多——来自 59 个成员国和地区的 1 251 名年轻人参加了 51 个竞赛项目的角逐。

我们非常感谢东道主阿布扎比王储兼阿联酋武装部队副最高指挥官谢赫穆罕默德·本·扎耶德·阿勒纳哈扬殿下、阿联酋教育部长侯赛因·易卜拉欣·哈马迪工程师阁下和阿布扎比职业技术教育和培训中心总干事穆巴拉克·沙姆西阁下，他们对世界技能组织和实现组织目标做出了巨大贡献。

我们见证了精英中的精英为金牌而拼搏，也见证了他们成为世界冠军的荣光。对于所有参赛的年轻人来说，这是一个提升他们的技能和经验的机会。对于阿联酋阿布扎比国家展览中心 15 万多现场观众来说，这是一次鼓舞人心、与众不同的赛事，通过参观比赛他们能够进一步了解这些技能，也许将来还会继续学习。我真诚地希望，许多目睹 2017 年阿布扎比世界技能大赛的阿联酋年轻人会考虑接受职业教育、从事职业技能工作。

我还感到欣慰的是，有比往届更多的来自世界各地的政府和企业代表来参加这次赛事，这表明他们越来越了解混合技能经济的价值。我们的东道国阿拉伯联合酋长国尤其如此，其领导人将世界技能大赛作为其正在进行的经济多样化的一部分带到该国。

2017 年阿布扎比世界技能大赛也见证了会议项目上的诸多创新。2017 年世界技能大会是首次在我们的会议联盟的管理下举行的会议，该会议联盟包括主要的国际和区域性参与者和组织。会议主题囊括了我们这个时代最紧迫的一些议题，包括全球青年失业率、技能差距以及科技对技能的影响。

我们还欢迎参加首届国际职业技术教育和培训青年论坛的数百名青年，以及参加了世界技能大会的各国家和地区的部长们，部长们也举行了首脑会议。

再次感谢每一个使这项赛事圆满成功、享受赛事并为之付出的人。我们期待着在 2019 年欢迎你们来到喀山。

西蒙·巴特利 Simon Bartley
世界技能组织主席

  组织一届世界技能大赛是场马拉松，而不是百米冲刺。2017年阿布扎比世界技能大赛是阿联酋有史以来举办的最复杂的赛事之一，也是多年筹备后的高潮。最终，大约15万人观看了这届特别的技能展示盛会，看到了最优秀的年轻技能人才的比赛。这些选手已经达到了世界技能领域的顶峰。

  没有各成员和合作伙伴的支持，世界技能组织不会像如今这样强大。作为首席执行官，我总是为这些利益相关者的支持感到鼓舞。世界上最大的国家同一些小的国家和地区一样齐聚阿布扎比，因为他们相信技能能够改变个人和社会的前景而团结在一起。

  2017年阿布扎比世界技能大赛云集了来自大约80个国家和地区的青年参赛选手、经验丰富的专家以及来自相关行业、教育部门和政府的代表。在比赛之外，还举办了一项世界级的会议——世界技能大会，会议讨论了技能和职业教育领域的主要动态，部长们讨论了对自身及各自国家和地区来说最重要的问题，还在首届国际职业技术教育和培训青年论坛上听取了年轻人的意见。

  如果没有东道国阿拉伯联合酋长国以及承办机构阿布扎比职业技术教育培训中心（ACTVET）的慷慨支持，这一切都不可能实现。我们还非常幸运地拥有两个全球优质合作伙伴——三星和史丹利·百得，14个全球行业合作伙伴，以及一个全球支持者，来支持2017年阿布扎比世界技能大赛和世界技能组织来完成其全球使命。此外，我们征集了近80家赛事赞助商。谢谢！没有你们，我们无法做到这些。

  最后，我要感谢2017年阿布扎比世界技能大赛项目团队、世界技能组织秘书处和各代表团所做的辛勤工作。特别要提到的是技能管理团队的专家、场地经理和团队领导们，他们在2017年阿布扎比世界技能大赛上表现突出。谢谢大家！

大卫·霍伊 David Hoey
世界技能组织首席执行官

2015—2017年世界技能冠军联络组

作为参加过世界技能大赛的选手,我们首先想祝贺所有参加 2017 年阿布扎比世界技能大赛的参赛选手!你们多年的辛劳、拼搏和提高技能的决心已经得到了回报!你们现在都是世界技能冠军。我们理解世界技能大赛之旅是多么漫长和充满挑战,我们非常自豪地欢迎你们成为世界技能冠军的一员。

我们非常感谢 2017 年阿布扎比世界技能大赛组委会、所有志愿者们、世界技能组织秘书处和董事会。如果没有你们的支持,我们就无法保持投入或完成我们的目标。站在比赛的另一个角度,我们能够看到更多的辛劳、长时间付出和热情投入到这项赛事。我们感谢你们给予的所有机会!

作为冠军联络组的代表,我们的职责是通过世界技能大赛表达青年在职业教育培训和职业中面临的机会和挑战。

在阿布扎比,我们有幸与世界各地的 250 多名年轻人一起参加首届国际职业技术教育和培训青年论坛。青年论坛的创立受到广泛接受,论坛宣言明确我们在职业技术教育和培训领域发挥了重要作用,我们承诺通过所有世界技能赛事来帮助进一步推动"青年宣言"。

面向 2019 年喀山世界技能大赛,世界冠军联络组将确保继续提高世界技能大赛参赛选手的水平,并分享所有追求职业教育培训和技能的青年的声音和故事。欢迎来到冠军之家!

最后,我们要感谢阿联酋——2017 年阿布扎比世界技能大赛的东道国,它确保了所有观众都宾至如归。很荣幸能见证中东的第一次世界技能大赛,我们期待着 2019 年在俄罗斯喀山见到大家!

世界技能冠军联络小组代表

综合报告

  2017年阿布扎比世界技能大赛的筹备过程长达四年，其间始终被准备、目标、毅力和激情驱使，最终呈现了一个令人难忘的世界上最优秀职业技能人才的展示窗口。

  阿布扎比王储、阿联酋武装部队副最高指挥官谢赫穆罕默德·本·扎耶德·阿勒纳哈扬殿下赞助举办的2017年阿布扎比世界技能大赛具有历史意义，这是第一次在中东举办的职业技能世界大赛。虽是第一次举办，但这届大赛也创造了许多新纪录。

  第44届世界技能大赛可以用许多令人印象深刻的统计数字来描述：超过15万名当地和国际观众，数千名国际代表、赞助商、雇主、志愿者和工作人员等聚集在一起，确保大赛顺利进行，1 000多名当地和国际媒体工作者将世界技能大赛的信息在全球传播。

  2017年阿布扎比世界技能大赛的真正成功不仅仅只体现在统计数据中，还体现在参赛选手的拼搏精神和才华上，他们为职业技能设定了新的基准，并致力于在促进经济社会发展中追求卓越。这些年轻人展示了世界技能大赛的精髓。

  2017年阿布扎比世界技能大赛给所有参与者留下了许多美好的回忆、许多值得自豪的理由，同时也有许多经验和见解，现在这些都可以与世界其他地区分享，以确保举办世界技能大赛能给东道主、世界技能组织以及全球职业技能领域带来最大的价值。

  在这份报告中，2017年阿布扎比世界技能大赛的故事被一一重现——筹备、成功、挑战、经验和发现。

翻开了世界技能大赛新的篇章

2013 年 7 月 1 日，2017 年阿布扎比世界技能大赛的倒计时在大赛开始前 1 566 天时启动，当时阿联酋技能组织——阿布扎比职业技术教育和培训中心 (ACTVET) 和世界技能组织的阿联酋成员在世界技能组织大会上获得了世界技能大赛的举办权。

每个举办世界技能大赛的国家或地区都有自己的目标、理想和愿景，希望通过举办赛事来留下自己的印记。对于阿联酋来说，举办一届世界技能大赛是实现《阿联酋 2021 年愿景》和《阿布扎比 2030 年经济愿景》的组成部分。

到 2030 年，阿布扎比将转变为一个可持续、多样化、高附加值的经济体，与全球伙伴无缝对接，为后碳氢化合物时代而建设，并能够为所有公民和居民提供获取方便、高质量的机会。这样一个充满活力、灵活、以知识为基础的经济体将由技术娴熟的阿联酋人领导，并吸引世界各地的人才，以确保阿联酋的长期繁荣。

怀此愿景，在 2017 年阿联酋加入世界技能组织大家庭 20 周年之际，阿布扎比获得第 44 届世界技能大赛的举办权别具象征意义。

阿联酋将把世界上最大、最负盛名的职业技能大赛第一次带到中东，我们的目标是：

- 提高国民对技能和职业教育培训的兴趣，改善阿联酋人技能和职业教育培训的参与度。

- 根据阿布扎比政府的政策，特别是《阿联酋 2021 年愿景》和《阿布扎比 2030 年经济愿景》，促进阿联酋的经济多样化和创新。

- 推动阿联酋进一步发展成为职业教育培训的区域领导者。

- 向全世界展示阿布扎比举办大型、复杂国际赛事的能力。

- 将阿布扎比作为一个杰出的、全球公认的商业和旅游目的地来宣传、展示和定位。

- 发展大赛和其他活动，以强化世界技能组织、其成员和未来的世界技能大赛主办方的愿景。

在阿联酋其他六个酋长国的支持下，阿布扎比成功举办了世界技能大赛，这清楚地表明，该地区经济的增长与其职业、技术和服务型教育的投资有着内在的联系。这反映了阿联酋鼓励、授权和激发年轻人培养技能的承诺，这些技能是充满活力、多样化和可持续的经济体的基石，而这种经济能够惠及子孙后代。

因此，在赢得2017年世界技能大赛举办权且庆祝活动平息下来后，阿布扎比立即发力，不仅要使大赛取得成功，而且将其提高到一个新的水平。

为2017年阿布扎比世界技能大赛寻找场地

世界技能大赛的规模、涉及范围和地位，以及它的全球曝光度和相关性，都需要一个与其匹配的比赛场地。确定这样一个场地是2017年阿布扎比世界技能大赛主办方的第一步，这意味着视野要宽广。视野宽广的结果就是确定阿布扎比国家展览中心（ADNEC），该中心是中东地区最大的展览场所，每年举办100多项活动，包括大型公共展览和国际贸易展览会，每年接待180万参观者。这些过往记录足以说明一切，而在2017年，它的高规格项目名册中将新增一个亮点——第44届世界技能大赛。

阿布扎比国家展览中心有12个相互连接的大厅、一个观众大厅和一个中庭，现场赛事场地面积73 000平方米，对举办世界技能大赛这类对规模、灵活性和设施有最高质量要求的赛事，从资质上一开始就显而易见。即便如此，2017年阿布扎比世界技能大赛是该中心有史以来举办的规模最大、最复杂的赛事之一，将提出独特的挑战，需要独特的解决方案。

2017年阿布扎比世界技能大赛需要10万多平方米的空间，包括永久性和临时性建筑，负责后勤安排、设备和材料采购以及无数其他职责的技术团队准备了三年时间。

要想让世界技能大赛以设想的方式进行，需要大量的技术人员，每个人都要有自己的专长。其中包括：地面技术支持和IT人员、比赛场地专家，材料、健康、安全和储存方面的专家，以及广告和品牌方面的专家。

合作的力量

虽然举办像2017年阿布扎比世界技能大赛之类的大型赛事离不开技术精湛、敬业的内部专家团队，但也需要主办方将目光投向外部合作伙伴。

世界技能大赛要想取得成功，财务支持必不可少，而这个全球职业技能精英展示窗口随着每一届的举办而不断发展和完善，这在很大程度上归功于政府和商业领域提供的支持。

2017年阿布扎比世界技能大赛在这一点上展现得淋漓尽致，它证明了建立强大、紧密的财务合作伙伴关系，并确保来自行业的大量赞助——包括大量的设备、材料和技术支持——可以为世界技能大赛这样一个已经有完善的全球品牌和卓越声誉的赛事带来新的视野。

之所以得到这种支持，是因为那些世界技能组织合作伙伴认识到职业技能及从事这些技能的年轻人对劳动力市场、经济和社会带来的价值，而世界技能大赛不仅仅是一项赛事，也是技能发展、激发雄心的催化剂，更是向全世界展示职业技能重要性的灯塔。

继阿布扎比国家展览中心成为2017年阿布扎比世界技能大赛国家至尊合作伙伴后，阿提哈德航空公司、电信管理局（通过其ICT基金）、阿布扎比卫生服务公司（SEHA）、阿布扎比警察总局和阿布扎比媒体集团成为国家铂金级合作伙伴。2017年阿布扎比世界技能大赛还获得了6家国家黄金级合作伙伴、3家国家白银级合作伙伴和4家教育赞助商的支持，上述合作伙伴的贡献将在本报告后文详细阐述。

全球电子巨头三星再次作为2017年阿布扎比世界技能大赛全面赞助商，支持青年实现他们的希望和梦想。这个富于创新的行业领导者自2007年以来一直赞助世界技能大赛，并通过与世界上最大的职业技能赛事的十年联盟，在培养新的人才方面发挥了关键作用。

继三星之后，还有19家战略赞助商、34家官方赞助商、32家技能赞助商和6家机构合作伙伴也赞助了本届大赛。

每一位合作伙伴的支持都表明了他们对职业技能在塑造未来中的地位的认识。让世界意识到这一点是世界技能组织的主要目标之一。

延伸至全国和世界

世界技能大赛第一次在中东举办，其意义和目的不仅在于扩大国际影响力，更深远的意义在于开拓技能新领域，让世界优秀青年有机会脱颖而出、展现自己。

其意义还在于强化对职业技能重要性的认知，改变阿联酋青年及世界各地同龄人的心态，引导他们考虑技能、职业和行业领域的工作，促使社会成员认识技能和职业教育培训如何应对社会经济挑战和就业挑战。

简而言之，2017年阿布扎比世界技能大赛旨在创造一项遗产，这项遗产能延用几年乃至惠及几代人。鉴于这一目标，取得地方、区域和国际媒体的关注，对于在中东地区以及世界范围内提高对职业技能的认识、强化技能至关重要。

在大赛开始前及大赛期间，一个专门的媒体团队驻扎在阿布扎比工作。在世界技能大赛开始前的几个月、几个星期、几天里，他们围绕着大赛营造轰动效果，通过创建关于技能的内容来吸引关注和参与。其中包括"技能联结彼此（Skills Unite Us）"系列，通过视频、照片和文章介绍10位阿联酋年轻人如何通过职业技能改变人生。这些内容发表在大赛网站上，其中一些刊登在阿提哈德航空公司的机上杂志和《国家报》上。

我们还与阿提哈德航空公司合作制作了一部动画片，在其所有航班娱乐系统上播放了三个月。世界技能大赛的标志第一次出现在阿提哈德航空公司的飞机上，覆盖多条航线，面向大量乘客。

将2017年阿布扎比世界技能大赛的信息传播到全世界的印刷媒体、电视、广播和网络媒体，并确保主要媒体集团的参与，这是世界技能大赛市场传媒团队的任务，该团队确保来自53个国家和地区的1 145名媒体人员参与到大赛报道中。

2017年阿布扎比世界技能大赛也非常重视社会拓展，一个团队致力于确保成千上万的阿联酋学生有机会来到阿布扎比国家展览中心体验世界技能大赛，旨在向他们从小灌输对技能的热爱和理解。赛事期间，共有53 360名学生参与了这项活动，他们的工作卓有成效。

将世界技能大赛带入阿联酋乃至世界各地，也包括继续推广已大获成功的"一校一队"项目。这项与众不同、激动人心且具有启蒙意义的文化交流项目，在2017年1月的一次典礼上吸引了来自阿布扎比职业技术教育和培训中心及阿布扎比教育委员会所属59所学校的学生与世界技能组织成员的参赛队伍配对。在大赛之前的10个月里，通过"一校一队"联系起来的学生和参赛选手了解了彼此的文化、传统和价值观，开阔了视野，打破了洞察力和理解力的壁垒。

这个项目的高潮也是 2017 年阿布扎比世界技能大赛最暖心的方面之一，因为就在大赛之前，与会的阿联酋学生第一次与他们的新国际朋友碰面。随着大赛逐步开始，这只是许多神奇时刻的第一个。

对 2017 年阿布扎比世界技能大赛的等候进入尾声

经过四年的艰苦努力，2017 年 10 月 14 日终于到来，世界技能大家庭抵达了充满活力和颇具远见的阿联酋首都阿布扎比。

在大赛开始前的几天里，热潮开始升级。大约 3 600 名专家、技术代表和参赛选手开始抵达阿布扎比国际机场和迪拜国际机场，在那里他们受到热烈欢迎，开启了一场充满乐趣的文化体验，在他们振奋精神迎接比赛前体验阿联酋最好的一面。

在客户服务提供商 Hala Abu Dhabi（埃提哈德航空公司的目的地管理部门）的帮助下，他们享受了一次量身定做的"阿提哈德沙漠营地"旅行——参观广阔的沙漠沙丘和阿拉伯营地，游览雄伟的谢赫扎耶德大清真寺，体验阿联酋的风情。

但是，2017 年阿布扎比世界技能大赛真正发光的那一刻，是在亚斯岛地标式建筑 du Arena 体育场的开幕式。开幕式非常壮观，有 1 万多人参加。开幕式上呈现了五彩缤纷的庆祝活动，包括国家方阵游行，所有队伍都大步走过体育场，彰显职业技能在阿联酋历史上的地位。

开幕式还包括由阿联酋当地和国际人士组成的 60 人管弦乐队和 100 人合唱团的音乐、舞蹈表演。演出重头戏是名为"技能带来进步"的表演，由现场舞蹈演员带领，描绘了技能在阿联酋发展中所起的作用。

开幕式和闭幕式以阿拉伯语、英语两种语言通过网站和 Facebook 上的流媒体向全世界直播，使世界各地参赛选手的家人和朋友以及世界技能爱好者能够实时观看。全世界有超过 100 万人在线观看了这两个典礼。

比赛在开幕式后第二天正式开始。在四天的时间里，数以千计的观众观看了 51 个竞赛项目的选手代表他们的国家或地区参加了世界上规模最大的技能比赛，阿布扎比国家展览中心在为期四天的比赛中人声鼎沸，选手们竭尽所能争夺金牌、银牌和铜牌。

关键统计数据

2017年阿布扎比世界技能大赛可以用"宏大"来概括,无论是比赛本身还是在比赛之外。

具体数字如下:

- 参赛选手接近1 300人,到场观众超过15万人,这将超过欧洲最大的足球场——巴塞罗那诺坎普体育场的容量。
- 阿布扎比国家展览中心分配给2017年阿布扎比世界技能大赛的空间可以容纳4 458辆双层大客车。
- 在2017年阿布扎比世界技能大赛期间,参赛选手使用了约100万件独立的设备和材料,能填满超过60个12米的运输集装箱。
- 2017年阿布扎比世界技能大赛所需的志愿者人数与阿布扎比一级方程式大奖赛所需人数相同,需要1 000名敬业奉献的志愿者才能顺利举办。

聚焦未来

阿联酋被全世界公认为一个具有远见和开拓精神的国家、一个奠基者,第44届世界技能大赛体现了东道国的前瞻性思维特点。

首届国际职业技术教育和培训青年论坛于2017年10月14日和15日举行,为年轻专业人士塑造技能的未来提供了一个独特的机会。此外,还第一次在大赛期间举办了职业技术教育和培训部长级峰会,来自五大洲的教育、劳工、技能、工业和商业部长们讨论了职业技术教育和培训的发展,目的是确保其能继续培育满足市场需求的技能,并为年轻人提供获得前景良好、有影响力的职业路径。

在接下来的世界技能大会上,来自世界各地的主要决策者聚集一堂,讨论技术和职业技能如何能够在塑造未来的经济社会方面发挥关键作用。会议首先介绍了"关于技能与职业技术教育培训的未来的青年宣言"。出席职业技术教育和培训部长级峰会的代表也参加了世界技能大会的关键会议。

全员参与的一次体验之旅

参赛选手和国际代表有能力推动职业技能界的变革,他们是2017年阿布扎比世界技能大赛的核心。大赛组织的一个关键点是确保大赛对当地和国际观众来说是可接触、信息丰富和令人愉快的,因此它强调了"观众体验"。

在大赛开始前的几年里,我们安排一个专门的团队寻找新的方式,让15万多名观众中的每个人都有机会现场了解职业技能究竟是什么,以此将所有人带入职业技术教育和培训的世界。观众有机会参加24种不同的与技能相关的活动,这些活动与邻近的技能比赛或展示区举行的赛事有关,他们可以获得职业建议,并参加由内部数字专家开发的"Skill It"游戏——一个令人兴奋的新型移动应用程序游戏。

通过这种方式,每个参与者都能够与阿布扎比国家展览中心内进行的比赛有更多共鸣,参赛选手在职业技能领域努力追求卓越,并投入到最终奖项的争夺中:一枚世界技能大赛奖牌。

荣耀和道别

在2017年阿布扎比世界技能大赛比赛单元结束后,来自世界各地的参赛选手就可以放松呼吸,放下对自己比赛表现的担忧,感受一下赛场之外的气氛。

尽管如此,参赛选手的思绪都已经飘向大赛闭幕式,那时,他们才能最终得知自己是否有机会获得奖牌。

闭幕式大约有1万名观众现场、468 154人次在线观看。现场充满紧张、期待和戏剧性,因为这里会公布金牌、银牌和铜牌得主,以及获得最高得分的阿尔伯特·维达大奖的获得者。

在惊叹、欢呼和掌声中,中国队以15枚金牌、7枚银牌和8枚铜牌位居奖牌榜榜首。韩国队名列第二,获得金牌8枚、银牌8枚、铜牌8枚。瑞士队则以11枚金牌、6枚银牌、3枚铜牌位列第三。

闭幕式在向获奖者祝贺、为所有参加2017年阿布扎比世界技能大赛的人们骄傲中把现场气氛推向高潮,同时,也意味着向在大赛期间遇见的新老朋友道别的时候。期待2019年喀山世界技能大赛掀开世界技能大赛故事的新篇章。

传递给世界聆听和解读的信息

2017年阿布扎比世界技能大赛的目标是取得创纪录的成功。我们做到了——不仅在参赛选手人数方面,而且在全球曝光和客户体验方面均取得成功。通过媒体和传播团队的共同努力,世界技能大赛的信息在本地和全球各地广泛传播。来自世界各地的1 000多名媒体代表出席了这场世界上最大的技能盛会,展开了空前的报道。

文章和报道出现在包括美国有线电视新闻网(CNN)、英国广播公司(BBC)和《华尔街日报》在内的重量级纸质媒体和广播媒体上,使得2017年阿布扎比世界技能大赛在比赛期间成为Twitter上最热门的话题之一。

2017年阿布扎比世界技能大赛摄制组形成了数小时视频,记录了赛事的方方面面和许多故事,重点是比赛的筹建、开幕式、4天的比赛——讲述参赛选手的故事——和闭幕式。总共有85个关于赛事的视频(不包括那些专门为开幕式和闭幕式拍摄的视频)被上传到世界技能大赛YouTube频道,共有128 338人次观看,世界技能大赛Facebook主页浏览量达到532 945次。

负责本次赛事的官方摄影师也制作了19 348张图片,这些图片在世界技能大赛Flickr频道上共享。在上传的第一个月内,这些图片被观看了6 193 906次。

在了解目标受众以及不断变化的新闻消费方式后,2017年阿布扎比世界技能大赛社交媒体团队的重心之一是通过Twitter、Facebook、Snapchat和Instagram来传播不断更新的世界技能大赛故事。独家标签"#WS_AbuDhabi"吸引了超过6 300万世界各地的观众。

世界技能大赛的影响

世界技能大赛可能已经离开阿布扎比,但这个全球职业技能展示窗口依然不断将阿联酋首都阿布扎比推向世界。

这次大赛为展示阿布扎比和阿联酋——一个充满活力和动力的全球中心，每年吸引数以千万计的游客——增强其举办大型赛事和接待大批来自不同背景游客的国际声誉提供了一次巨大的机会。

阿布扎比作为阿联酋首都已经将目光投向成为海外游客的热门目的地，这也是其经济多元化、摆脱对石油依赖的愿景的一部分。同时，围绕历史、文化和遗产发展其旅游基础设施，并将过去、现在和未来融为一体。本届大赛的观众数量充分说明了阿布扎比和阿联酋的魅力，并引起了人们对一个充满活力、魅力的城市和国家的精神和本质的更广泛的关注。

这次大赛也显著推动了阿联酋的经济。在赛事期间，数千名参加此次赛事的国际观众预订了数以万计的酒店客房夜。观众与家人、朋友和同事分享这里发生的故事，以及媒体对大赛的广泛报道，提高了阿布扎比的知名度，阿布扎比将永远受益。正如人们一直期待的那样，世界技能大赛和阿布扎比将彼此成全。

一届世界技能大赛。然而，无论2017年阿布扎比世界技能大赛团队的经验和专业水平如何，随着职业技能运动的发展，新的赛事举办地和不断扩大的赛事规模都会带来新的挑战。

在这份报告中，这些挑战、经验和一些有价值的教训将分享给未来的主办城市，使它们在继续传播推广世界技能大赛的过程中受益。

我们希望书写这届世界技能大赛故事的团队的反馈能够为之后的赛事带来帮助，我们衷心期待2019年喀山世界技能大赛。

吸取教训

自1950年以来，全球许多国家和地区已经举办了世界技能大赛，时间的推移带来了经验的积累。第44届阿布扎比世界技能大赛从往届主办国家和地区那里汲取经验，来举办中东地区第

联动阿联酋

虽然世界技能大赛已经离开阿布扎比，但它对阿联酋的影响将持续多年。为了实现这一目标，赛事主办方把全国各个角落、各行各业的人积极动员起来——从领导人到学龄儿童，从本国国民到外籍人士，从父母们到千禧一代。

2017年阿布扎比世界技能大赛旨在凝聚整个国家的注意力和想象力，不仅向整个国家阐明职业技能在职业发展和个人成长方面的价值，而且阐明其对阿联酋这样一个致力于经济多样化的、使其青年有机会在后石油经济中发挥关键作用前瞻性国家的未来的价值。

动员过程的第一步是任命一个高级组织委员会。其成员包括阿联酋政府机构的负责人和来自关键部门的核心人员，他们向整个国家发出信息，让国民了解2017年阿布扎比世界技能大赛的声望和宗旨，以及它在解锁人类潜能方面发挥的核心作用。

高级组织委员会

2015年10月，阿布扎比执行委员会（GSEC）总秘书处批准成立2017年阿布扎比世界技能大赛高级组织委员会，由阿布扎比旅游和文化管理局主席，穆罕默德·哈利法·穆巴拉克（Mohamed Khalifa Al Mubarak）阁下担任主席。

高级组织委员会（HOC）由商业、旅游和工业领域的高级领导人组成。其中包括：

穆罕默德·哈利法·穆巴拉克（Mohamed Khalifa Al Mubarak）阁下
阿布扎比旅游和文化管理局主席，高级组织委员会主席

穆巴拉克·赛义德·沙姆西（Mubarak Saeed Al Shamsi）阁下
阿布扎比职业技术教育和培训中心（ACTVET）主任，
2017年阿布扎比世界技能大赛行政委员会主席

穆罕默德·阿勒·哈姆马迪（Mohammed Al-Hammadi）阁下
阿联酋核能源 公司首席执行官

赛义夫·赛义德·古巴什（Saif Saeed Ghobash）阁下
阿布扎比旅游和文化管理局总干事

库鲁德·哈桑·诺维斯（Khuloud Hasan Al Nowais）阁下
阿联酋基金会首席可持续官

穆萨巴·穆巴拉克·马拉尔（Musabbah Mubarak Al Marar）阁下
阿布扎比市政厅代理厅长

赛义德·赛义夫·鲁迈希（Saeed Saif Al Rumaithi）先生
财务部执行总监

穆罕默德·萨勒姆·阿达赫里（Mohammed Salem Al Dhaheri）阁下
阿布扎比教育 理事会（ADEC）学院运营执行总监

胡迈德·马塔尔·扎希里（Humaid Matar Al Dhaheri）先生
阿布扎比国家展览中心集团首席执行官

赛义夫·艾哈迈德·加菲（Saif Ahmed Al Ghafli）先生
阿布扎比陆上石油公司首席执行官

胡迈德·赛义德·曼苏里（Humaid Saeed Al Mansoori）先生
阿布扎比执行委员会总秘书处企业传媒总监

巴德尔·S.奥拉马（Badr S. Al-Olama）先生
穆巴达拉投资公司航空部总监，斯特拉塔制造公司主席

阿卜杜拉希姆·阿尔巴蒂（Abdulraheem Albateeh）先生
阿布扎比媒体集团公共服务事务总监

哈立德·马塔尔·曼苏里（Khaled Matar Al Mansoori）先生
市政事务和运输部公共客车运输服务总监

艾哈迈德·赛义夫·本·扎伊顿·穆海里（Ahmad Saif Bin Zaitoun Al Muhairi）准将
阿布扎比警察总局

利亚德·艾勒麦海迪卜（Reyadh Almehaideb）教授
扎伊德大学副校长

阿姆西·达努克·沙姆西（Amna Al Dahak Al Shamsi）
教育部赛事活动代理助理副部长、创新创业司司长

阿卜杜勒·马吉德·霍里（Abdul Majeed Al Khoori）先生
阿布扎比机场代理首席执行官

阿里夫·苏丹·哈马迪（Arif Sultan Al Hammadi）博士
哈利法大学执行副总裁

费克里·哈巴什（Fekri Kharbash）先生
阿联酋大学信息技术学院副院长

阿卜杜拉·赛义德·达赫里（Abdulla Saeed Al Dhaheri）先生
阿布扎比卫生服务公司（SEHA）执行总监

校园行

2017年阿布扎比世界技能大赛是职业技术教育和培训方面杰出成就的盛会，它使学生能够了解并体验之前可能从未听说过的职业。校园行计划针对的是2017年阿布扎比世界技能大赛最大的观众团体——来自整个阿联酋的18岁以下学生。

校园行的目的是吸引这些学生来大赛现场，学习广泛的职业技能，能有机会体验并进行不同技能的能力倾向测试，获得宝贵的职业建议。该计划旨在培养职业技能意识，使学生在选择职业道路时能认真考虑技能方向。

校园行团队认识到有必要与各种不同的教育机构进行有效合作，包括阿布扎比职业教育培训中心（ACTVET）、教育部（MoE）、阿布扎比教育理事会（ADEC）、知识与人力开发局（KHDA）、SEDRA基金会和扎伊德残疾人组织（ZHO）。这些合作伙伴鼓励阿联酋各地的学生观看2017年阿布扎比世界技能大赛，并使之成为宝贵的学习经验，它们的支持与合作极其宝贵，发挥了很好的作用。

校园行团队准备并实施了各种行动，与学校（包括学生、教职员工和家长）联系，并鼓励学生参观2017年阿布扎比世界技能大赛。本报告提供了校园行的详细组织情况（规划、后勤、报名、交通等）。

从2017年2月起，校园行团队前往阿联酋七个酋长国的所有学校和教育机构，宣传有关2017年阿布扎比世界技能大赛的全面信息。其中包括说明将提供的各种令人兴奋的赛事、尝试新技能和获得职业建议的机会。

报名是通过在线申请系统进行的，该系统根据不同日期和时间的容量来确定日程安排。该团队将教师和学生主管的姓名整理成认证胸卡，并将这些胸卡连同学生的腕带、停车证和赛事信息一起提前发送到学校和教育机构。

为了确保成千上万来参观2017年阿布扎比世界技能大赛的学生顺利抵达和离开，他们制订了一项交通计划。该计划的一个关键因素是使用附近的IPIC体育馆作为所有校车的出发点和抵达点。学生们到达体育馆后，将进一步接受培训，为参观做好准备。然后，通勤大客车将学生们运到阿布扎比国家展览中心。这种"停车和乘车"

系统不仅为学生提供了宝贵信息，使他们能够最大限度地享受大赛参观之旅，而且使到达和离开阿布扎比国家展览中心的学生人数得到更有效的管理。

阿布扎比警察总局、阿布扎比国家展览中心保卫处、阿联酋航空运输部和阿布扎比运输部之间的密切合作也是交通计划成功的关键。这使得我们能够确定最佳、最可行的交通路线，阿布扎比警方随后能够在必要时封锁道路。四天比赛期间还设立了现场指挥室，以确保在出现任何问题时能迅速作出有效反应。

共有53 360名学生在2 235名教师和学生主管的陪同下通过校园行计划参观了2017年阿布扎比世界技能大赛。四天比赛期间内，运输部每天提供61辆通勤大客车，在IPIC体育馆与阿布扎比国家展览中心之间接送学生。

超过一半的学生来自阿布扎比酋长国的学校，其余的学生来自阿联酋其他六个酋长国：迪拜、沙迦、阿治曼、哈伊马角、富贾伊拉和乌姆盖万。

一校一队

"一校一队"是一个文化交流项目，将本地学校与来自不同世界技能组织成员的参赛队伍联系起来。该项目不仅在不同国家和地区的青年之间架起了桥梁，而且还提供了一个平台，以提高全球对职业技能重要性的认识。

"一校一队"项目的目的是为阿布扎比公立和私立学校的学龄儿童提供认识世界技能大赛选手、发现技能的重要性以及更多地了解其他国家和地区文化的机会。

"一校一队"合作伙伴方案的筹备工作于大赛前一年多开始，我们成立了一个支援团队，来执行并促进与合作学校之间的沟通。2016年阿联酋技能大赛是一个宣传平台，向教育机构介绍"一校一队"项目背后的理念。通过与阿布扎比教育理事会（ADEC）和学校职业顾问合作，向校长、教师、家长和学生作了介绍，并将"一校一队"列为合作学校的课外活动。

一旦发现有潜力的教育机构，就会执行正式合作方案。目标学校的标准如下：

- 设立三年级和四年级（8~10岁儿童）的阿布扎比公立和私立学校。
- 基础设施良好的学校（礼堂、剧院、多功能厅等）。
- 侧重语言、科学或技术的学校。
- 使用英语的学校。
- 距离比赛场地30分钟车程的学校。
- 对世界技能组织成员的媒体访问感兴趣的学校。

2017年1月，在大赛准备周期间，在阿布扎比举行的启动仪式上，被选中的59所阿联酋学校都与对应的世界技能组织成员国或地区的伙伴配对。按照计划在接下来的10个月里，通过学校课程和自己的研究，学生们将更多地了解对应的世界技能组织成员国或地区。

"一校一队"团队为合作学校组织了一系列讲习班，目的是确保它们了解情况，并为配对伙伴的访问做好欢迎接待准备。

大赛前4个月时，"一校一队"团队访问了这些合作学校，检查其进展情况，并在10月份参赛选手到达之前的最后几天进行了后续访问。

10月12日，开幕式前两天，每一个配对伙伴都对其伙伴学校进行了两个小时的访问。阿联酋学生和他们的国际友人参加了一系列互动活动，并相互交流了他们对各自国家和技能的了解。伙伴学校的学生也有机会在大赛期间参观阿布扎比国家展览中心，并在一个专门的"一校一队"看台上向配对伙伴团队传递信息。

来自阿布扎比58所学校的5 000多名学生与来自59个世界技能组织成员的参赛队伍配对参加了"一校一队"项目。

"一校一队"项目的总体反馈非常积极。"一校一队"项目的话题标签在所有社交媒体平台上都成为热点，而且在全国新闻中有广泛的媒体报道。"一校一队"团队努力与合作学校保持清晰的沟通渠道，随时提供必要的信息。世界技能组织促进并支持与各成员及其官方代表和技术代表之间的沟通。

志愿者项目

志愿者是世界技能大赛的骨干力量，被公认为是最重要的赛事资源之一。志愿者作为"赛会形象代表"，树立了积极的形象，是对赛事和大赛主办方的客观反映。从会见和问候专家、参赛选手、代表和观众，到确保比赛的每个部分都像钟表一样精确运转，身穿2017年阿布扎比世界技能大赛品牌马球衫的志愿者为整个赛事的顺利进行做出了宝贵的贡献。

我们设立2017年阿布扎比世界技能大赛志愿者项目是为了确保大赛得到热情、积极、训练有素的志愿者的支持，他们具备相应的资质和知识，可以支持所有组织和运营流程。我们的目标是找到1 000名志愿者，在整个赛事中负责525种岗位，其中估计90%的岗位由本地志愿者负责，10%的岗位由国际志愿者负责（包括许多来自下一届2019年世界技能大赛主办方的志愿者）。为了达到这个目标，我们在大赛前一年制定了一项战略，以确定志愿者的动员、培训以及现场志愿者的协调和管理。

通过与全国的志愿者组织、学校密切合作，我们从2017年1月开始认真寻找志愿者。这是一个非常成功的方法，我们发现并招募了所需的人才。此外，我们还在大学开展了专门的志愿者招聘会，设立招聘展台。

与阿联酋基金会的合作促进了在线参与度，提高了针对核心目标的志愿服务机会。我们向所有学院、大学和合作伙伴发送传单和海报，激励伙伴成员参与2017年阿布扎比世界技能大赛志愿者活动。

为了确保在2017年4月之前完成剩下10%国际志愿者的招募，我们还设立了在线申请通道。随后的面试过程确保招募的志愿者的个人知识和素质与其申请的岗位相匹配。

主办方努力确保针对每个技能项目招募的助理具有该技能领域的背景或兴趣。具体方法之一就是招募往届参赛选手。

志愿者招募过程取得了巨大成功，最终志愿者的数量超过了所要求的岗位数量，这证明了我们为确保所有必要岗位得到落实而付出的努力。

2017年4月至6月之间，负责志愿者项目的团队准备了一套到岗培训模板、演示文稿和工作簿以协助志愿者。

这套培训方案已经在志愿者大使身上进行过测试，可以确保培训能为志愿者在2017年阿布扎比世界技能大赛上的岗位做好准备。在大赛开始前，已完成预注册的志愿者在阿布扎比国家展览中心现场接受培训。每个志愿者都接受赛前到岗培训和现场基地专门培训，在开始志愿者服务前他们可以提出问题，更好地了解团队，建立友谊。此外，"熟悉日"也有助于使志愿者了解阿布扎比国家展览中心作为比赛场地的布局和比赛安排。从志愿者那里得到的反馈是，这是他们在世界技能大赛中经历过的最好的培训项目。

我们共招募了1 043名志愿者，他们作为志愿者大使完成培训项目，被部署在2017年阿布扎比世界技能大赛的所有区域，支持以下方面的工作人员：认证、场地管理、观众服务、交通和后勤、市场、IT和电信、媒体和公关、嘉宾管理。许多志愿者在开幕式和闭幕式上发挥了自己的作用。

这届大赛吸引了来自各个年龄段的志愿者，最小的 16 岁，最大的 65 岁；志愿者性别比例几乎均等（48% 的男性和 52% 的女性），表明当向别人伸出援助之手时，男性女性都想尽自己的一份力量。

为了感谢那些为确保 2017 年阿布扎比世界技能大赛的成功付出时间和辛勤工作的人们，我们向志愿者们赠送了欢迎包和礼物，并在赛后的"致谢"活动中向他们赠送了一份感谢证书。

据统计，2017 年阿布扎比世界技能大赛的志愿者总工作时间达到惊人的 26 000 小时。他们的友爱、乐于助人和工作能力帮助我们成功举办了一次赛事，展示了阿布扎比作为世界级国际赛事主办方的形象。

绝大多数志愿者都给大赛主办方提供了积极的反馈，许多人表达了在一个国际团队中工作以及担纲他们以前从未担任过的角色所获得的信心和经验。在赛事期间，他们建立了国际友谊，进行了很好的文化交流，每天进行的研讨会可以支持这一点。

其中一个目标是，以建立 2017 年阿布扎比世界技能大赛志愿者数据库的形式留下一个恒久的遗产，这样将有一支训练有素、经验丰富、积极主动的志愿者队伍服务于阿布扎比今后的赛事。这将通过与国家级合作伙伴，特别是阿联酋基金会和 Fazaa 紧密合作，促进现有的志愿者项目实现。

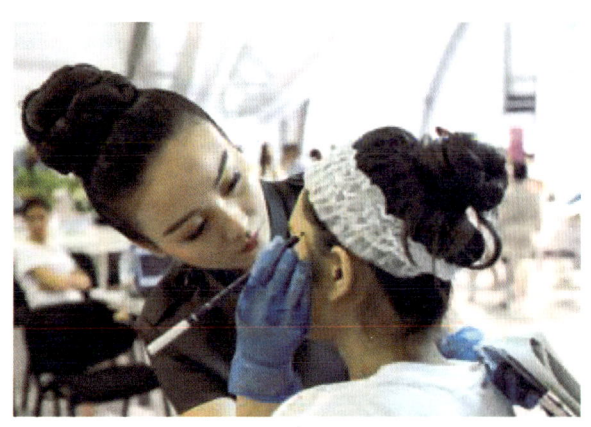

欢迎嘉宾

如果没有嘉宾，不论是参赛选手、专家、代表、赞助商、合作伙伴、利益相关者还是观众，世界技能大赛就不完整。因此，确保所有参与者都宾至如归，对于2017年阿布扎比世界技能大赛的成功举办和传承至关重要。

这就要确保来自不同国家和地区、具有不同文化背景的嘉宾到达的时候尽可能顺利、有组织，他们的任何需要或要求建立快速和彻底的反应流程。此外，在大赛之前、期间和之后为所有参与者提供沉浸式体验也是至关重要的。

成员支持

2017年阿布扎比世界技能大赛组织工作的重要组成部分之一是一项专门的成员支持功能，可以快速响应参赛选手、专家和其他代表的需求。最重要的要素之一是与世界技能组织成员就套餐预订、发票和付款、酒店、物流、交通、签证申请和其他常规查询进行准确而有效的沟通。

Hala Abu Dhabi（阿提哈德航空公司的目的地管理部门）被指派来提供成员支持服务，这也是其与2017年阿布扎比世界技能大赛的客户服务伙伴合同的一部分。随着时间的推移，为了给世界技能组织成员和其他代表团提供足够高水平的响应能力、支持和准确性，必须调整工作方法。因此，2017年阿布扎比世界技能大赛团队增加了比最初计划更多的投入。一方面，与Hala Abu Dhabi密切合作，确保迅速、准确地处理问题；另一方面，2017年阿布扎比世界技能大赛团队直接接管具体任务。

2016年10月在尼亚加拉瀑布举行的世界技能组织全体成员大会上推出了包括酒店住宿、餐饮、旅行、交通和开幕式、闭幕式门票在内的2017年阿布扎比世界技能大赛一揽子套餐。与此同时，我们还设立了一个专门的支持团队、电子邮件地址和电话号码来支持该套餐的销售。有关套餐的细节可在网上和纸质手册中查询。对于在线预订和线下预订（全球合作伙伴、赛事赞助商和成员观察员），我们均提供了详细的指导。补充信息可以在之后提供的领队指南和代表手册中查询。

Hala Abu Dhabi在2017年9月24日，即大赛开始前21天，开通了会员支持热线电话，为代表和观众在赛前获取信息提供新的方式。大多

欢迎嘉宾

数代表没有使用热线电话，因为大多数信息都已事先提供给他们。相反，他们向 Hala Abu Dhabi 和大赛团队的现场联络人提出问题，或者在赛事期间利用了现场成员支持中心。虽然热线电话在非现场或紧急情况下对代表们很有帮助，但是使用率极低，因此如果未来大赛主办方已经有一个信息完善的网站和一个运作良好的成员支持团队，则无须提供热线电话。

在大赛开始之前的两个月里，Hala Abu Dhabi 收到了 1 000 多封电子邮件、约 200 通热线电话，内容涉及航班和签证、开闭幕式门票和常规套餐问题。成员支持团队向 67 个世界技能组织成员提供了服务，并收到了关于所提供的客户服务的积极反馈。

对未来世界技能大赛主办方的一项主要建议是，与成员支持有关的服务应由单个机构提供，该机构无论是大赛主办方还是在项目的早期阶段签约的第三方。

交通和后勤

交通和后勤团队的任务是确保参加 2017 年阿布扎比世界技能大赛的代表和所有观众在抵达阿联酋、旅行和离开阿联酋时尽可能顺畅。该团队负责所有交通事宜，具体管理以下内容：

- 进出阿布扎比国际机场和迪拜国际机场。
- 代表团酒店和比赛场地（阿布扎比国家展览中心）之间的日常摆渡车。
- 大赛期间的一系列特殊活动的交通，包括：
  - 在 du Arena 体育馆举办的开幕式和闭幕式（10 月 14 日和 10 月 19 日）。
  - 10 月 12 日在阿布扎比 58 所学校举办的"一校一队"项目（共 66 辆大客车）。
  - 10 月 10 日专家前往沙漠营地（47 辆大客车）。
  - 10 月 12 日参赛选手前往沙漠营地（76 辆大客车）。
  - 10 月 17 日在 Yas MARINA Circuit 举行的 VIP 和赞助商晚宴。

- 10月12日、13日以及10月15日至18日期间参观谢赫扎德大清真寺的摆渡车，一天两班。

- 与运输部联络，在比赛的四天内提供61辆大客车，送学生从IPIC体育馆的出发点到阿布扎比国家展览中心，并在参观结束时返回。

- 6辆专用豪华轿车，为一些需要定制化往返机场的VIP提供车辆服务。

- 7辆共用汽车，用于满足2017年阿布扎比世界技能大赛团队在10月1日至23日期间的运营需求。

交通安排是为了确保所有参加2017年阿布扎比世界技能大赛的人都能够快速、无缝、及时地畅游阿布扎比。参赛选手和代表住宿的酒店与比赛场地阿布扎比国家展览中心之间的每日往返摆渡车的统计数字如下：

阿布扎比希尔顿酒店—阿布扎比国家展览中心	130位乘客，平均每天转接9次
巴布皇宫酒店—阿布扎比国家展览中心	135位乘客，平均每天转接8次
都喜天丽酒店—阿布扎比国家展览中心	210位乘客，平均每天转接11次
朱美拉阿联酋联合大厦酒店—阿布扎比国家展览中心	85位乘客，平均每天转接8次
卡里迪亚宫酒店—阿布扎比国家展览中心	45位乘客，平均每天转接8次
亚斯总督酒店—阿布扎比国家展览中心	66位乘客，平均每天转接18次
军官俱乐部酒店—阿布扎比国家展览中心	115位乘客，平均每天转接7次
诺富特布斯坦酒店—阿布扎比国家展览中心	40位乘客，平均每天转接4次
罗塔纳公园酒店—阿布扎比国家展览中心	194位乘客，平均每天转接11次
艾尔胡瑟万豪酒店—阿布扎比国家展览中心	52位乘客，平均每天转接6次
艾尔胡瑟威斯汀酒店—阿布扎比国家展览中心	36位乘客，平均每天转接6次
假日酒店—阿布扎比国家展览中心	92位乘客，平均每天转接4次
费尔蒙特巴尔酒店—阿布扎比国家展览中心	216位乘客，平均每天转接13次

根据与Hala Abu Dhabi签订的合同，其官方套餐中应包含机场接送服务。Hala Abu Dhabi与世界技能组织和大赛主办方一起，理出一份航班清单，用于跟踪约5 000名成员、代表、赞助商和合作伙伴的接机、送机和住宿详情。

在阿布扎比国际机场和迪拜国际机场的合作下，我们做好了准备，确保那些乘飞机抵达的人不会遇到任何问题。

> 交通安排是为了确保所有参加2017年阿布扎比世界技能大赛的人都能够快速、无缝、及时地畅游阿布扎比。

我们在大赛开始前召开无数次会议来确定以下事项：

- 在两个机场为赛会大客车和其他车辆开辟专用的装载区。

- 在到达大厅设置欢迎台。

- 为大赛工作人员准备通行证，协助来宾直转。

交通和后勤团队还安排了路标和标志，计划和管理了10个装载区，满足110辆载运参赛选手、代表、媒体和工作人员的大客车的两个中转区，以及两个VIP停车场和一个能够停2 000多辆车的公共停车场。

欢迎嘉宾

33

住宿

第 44 届世界技能大赛期间,据估计有超过 4 300 名国际参赛选手、专家和代表在阿联酋首都的酒店住宿。我们选择酒店时特别注意酒店位置,确保代表们能够步行或通过快速交通路线到达阿布扎比国家展览中心(ADNEC)。Hala Abu Dhabi 负责与大赛主办方密切合作,完成酒店的签约、预订和管理过程。

确定酒店方案的一个关键考虑因素是听取世界技能组织和举办过世界技能大赛的城市的建议,它们的反馈提供了考虑的要点:

- 房间足够大,设施充足。
- 赛事期间单人间和双人间的比例合适。
- 房费要有竞争力。
- 酒店的餐饮区域能够让代表们同时就餐。
- 酒店有良好的接送点,从酒店方便进入交通干线,并且酒店靠近比赛场地。

交通和后勤小组对备选酒店进行了实地查看,一经与 Hala Abu Dhabi 签订合同,就邀请酒店代表参加一个介绍会,要求其证明他们可以满足要求并提供具有竞争力的价格。大赛代表下榻的酒店级别从 3 星到 5 星，许多酒店提供了有竞争力的价格，房价可选范围广。酒店被分为金、银、铜三级，我们对每一级确定了"混合"房价，并用于计算套餐成本。

我们选中的 7 家酒店（2 家金级、3 家银级和 2 家铜级）可以容纳所有参赛选手和领队，其中 3 家位于阿布扎比国家展览中心，其余 4 家距离比赛场地在 10 分钟车程之内。我们共签下了 16 家酒店，供官方代表、技术代表、技术代表助理、首席专家、副首席专家、专家、翻译和官方观察员（包括世界技能组织成员的工作人员、赞助商、会议代表、媒体和亲朋好友）选择。

酒店的选择是以先到先得的方式进行的。最重要的是确保参赛选手和领队下榻的酒店离比赛场馆最近，价格反而在其次。而对于其他代表团来说，价格最为重要，离比赛场馆的距离则在其次。

大赛准备周期间，我们安排了领队、工作组和技术代表参观酒店。这使他们能够对阿布扎比的酒店有一个总体印象，更为重要的是，熟悉他们已经选中的酒店。

我们总共为参赛选手和领队预订了 339 间单人间和 553 间双人间，为其他代表（包括观察员团队）预订了 2 189 间单人间和 992 间双人间。

餐饮

2017 年阿布扎比世界技能大赛期间，我们需要为多达 5 000 人提供餐饮服务，包括参赛选手、专家、技术代表、场地经理及其助手、志愿者、世界技能组织工作人员和大赛主办方团队。

餐饮管理需要满足许多复杂的要求，包括：

- 尊重并适应各种饮食要求（宗教、文化、医疗等），这是大型国际赛事必不可少的一部分。
- 在阿布扎比国家展览中心规定的所有地方（代表团餐厅、技能比赛场馆、精选

套房和大赛主办方办公室、代表团休息室、媒体中心、贵宾休息室、咖啡厅）提供健康和适当的餐饮。

- 在会议厅 A 和 B 中为出席世界技能大会和赛事的代表安排午餐便餐和咖啡茶歇。
- 确保在搭建和拆除阶段，在阿布扎比国家展览中心的 Mangiamo 餐厅全天提供点心、午餐和晚餐。
- 根据搭建期间、大赛期间和拆除阶段的就餐人数变化来调整餐饮供应。
- 在为期四天的比赛中，为学生和教师提供总计超过 22 000 包袋装餐，供他们参观大赛后在路上吃。
- 10 月 11 日至 13 日和 10 月 15 日至 18 日的七天内，每晚在雅乐轩酒店水花花园为 500 多人提供小吃和各种饮料，以感谢他们为 2017 年阿布扎比世界技能大赛所做的工作［这些"技能莫入（skill out）"小型派对被广泛认为是世界技能大赛有史以来安排得最好的］。
- 10 月 9 日在雅乐轩酒店水花花园组织技能管理团队洗尘宴，以感谢他们为第 44 届世界技能大赛做出的贡献，洗尘宴上为 250 人提供饮食和小吃。

　　为了满足多达 5 000 人的餐饮需求，我们专门搭建了一个 3 600 平方米的帐篷，作为阿布扎比国家展览中心看台区的代表团餐厅。这个餐厅能在任何时刻同时容纳 1 700 人，开放时间从 10 月 9 日午餐至 10 月 19 日午餐。我们预计餐厅的人流量会特别大，所以专门设计了一套管理方案，确保人多时井然有序，无须排长队，尽量避免拥挤。该管理方案包括：

- 为参赛选手和专家设立专门的用餐时间，避免所有人同时用餐。
- 设置便捷的单向通道系统，配备指示牌、足够的供餐站以及一块特殊饮食专门区域。
- 为参赛选手设置一条快速通道，可以在其他人之前用餐。
- 安装数字大屏幕来显示菜单，以及一个巨型时钟，方便餐厅里的人知道什么时间离开，以保证有足够的时间返回比赛区。
- 为时间紧张的人提供即拿即走袋装食品，这种袋装食品非常受欢迎，经常被一扫而空。

　　考虑到阿布扎比天气炎热，为了确保参与大赛的人身体水分充足，我们在整个比赛场馆内

设置了多个饮水点。

整体反馈意见是，食品质量很高，并认为餐饮管理井然有序。

旅行

2017年阿布扎比世界技能大赛的重要目的之一是确保代表们能够体验阿联酋的部分文化和遗产。由于大多数客人都是第一次来到阿布扎比和中东，所以我们认为沙漠体验将是一个不错的选择。在2017年阿布扎比世界技能大赛团队的支持下，与阿布扎比旅游文化局合作，Hala Abu Dhabi 专门搭建了一个可以容纳多达2 000人的沙漠营地，并组织了两次沙漠旅行：

- 10月10日，安排专家、技术代表、翻译和技术观察员。
- 10月12日，安排参赛选手、官方代表团、领队和观察员。

从传统意义上来说，这两次沙漠旅行代表着主办城市的官方招待，所有参与沙漠旅行的人都认为是独一无二、终身难忘的体验。

除了沙漠旅行外，我们还提供了其他文化活动选择：

- 阿布扎比重要地标游览车观光行。
- 前往阿布扎比谢赫扎耶德清真寺进行朝圣之旅，该清真寺是阿布扎比知名的地标之一。

认证

我们在赛事开始前就开始规划2017年阿布扎比世界技能大赛的认证过程，旨在建立一个结构良好、用户友好的系统，该系统能通过观众的信息来识别，并确保他们进入阿布扎比国家展览中心和其他场馆（如 du Arena 体育馆）时符合阿联酋的安保要求。

认证小组与世界技能组织合作，确保所有组别都有适当的访问权限，并且在胸卡上显示的区域和权限能反映参与者类型、类别和任何附加权限。认证小组与阿布扎比王储法院和执行委员会秘书处的协议团队合作，对 VVIP 和本地 VIP 分别进行注册。

2017年阿布扎比世界技能大赛与一家本地供应商签订合同，由其提供认证和注册业务，包括预注册和现场注册。主入口处的两个公共注册台用于领取胸卡和现场注册，此外，为获得授权的媒体提供专门的注册、信息审查和胸卡打印。

为了符合阿布扎比赛事安全委员会的要求，所有通过认证的人员应在到达比赛场馆前完成预注册流程，并递交所需材料。

"共打印了两万多份认证胸卡。"

开幕式和闭幕式

开幕式和闭幕式是每届世界技能大赛独一无二的时刻——既为主办国，也为使比赛充满生气而投入的大量时间而欢庆。从传统意义来说，开幕式标志着赛事的开始，这是所有世界技能组织成员期待已久的时刻。数以千计的参赛选手、官员和嘉宾欢聚在一起观看仪式，感受东道主的热烈欢迎。闭幕式代表着4天比赛的正式落幕，为每一个人、每一个在世界技能大赛上追求卓越的参赛选手的辛勤劳动而欢庆。

2017年阿布扎比世界技能大赛的目标是举办两个高度专业化、规模浩大、观众从未见过的卓越盛典。最终开幕式壮观、鼓舞人心，欢迎所有人来到世界技能社区，而闭幕式是一场充满活力、令人兴奋的庆祝技能卓越的盛会。

开、闭幕式都得到了广泛的媒体报道，其中在线直播直达全球。

比赛场地和设施搭建过程

第一步是确定一个能容纳 1 万人——这是每个典礼的预计观众人数——的场地。大赛开始前 18 个月时,在对阿布扎比及其周边地区的许多不同场馆进行全面评估后,我们选定了亚斯岛上的 du Arena 体育馆。

开幕式开始前两周时,我们开始搭建仪式所需的基础设施。这包括搭建一个特殊的舞台、看台、背景和一个用以展示阿布扎比和阿联酋特色的活动来欢迎客人的定制化前功能区。

搭建过程仅用了 12 天就提前完成,这样就有更多的时间用于技术排练、舞台走位彩排、颁奖路线和程序以及屏幕内容的调整与测试。

观众和入口

开、闭幕式的观众主要是参赛选手、代表团、赞助商、特殊嘉宾、媒体代表、志愿者、支持者以及亲朋好友。两场盛会均爆满,共有 19 500 人参加(包括接近 900 名 VVIP 和 VIP)。

票务是开、闭幕式总体后勤和规划的一部分。每场典礼大约有 1 万张门票分发给目标群体。其目的是将参赛选手和观众根据其所属成员国或地区分配在相应区域,来创造独特的氛围。根据准备好的就座计划,展台为所有客人创造了难忘的气氛和最佳的世界技能大赛体验。

开幕式和闭幕式

开幕式包括演讲、代表团方阵游行(59 个国家和地区的队伍在 48 分钟内自豪地通过体育场),世界技能组织主席宣布比赛正式开幕。开幕式还包括音乐和舞蹈表演,演出者是由阿联酋本地和国际居民组成的 60 人管弦乐队及 100 人合唱团。

演出的重头戏是名为"技能带来进步"的表演，舞蹈演员的表演描绘了技能在阿联酋发展中所起的作用。开幕式共有228名表演者。

闭幕式上除了庆祝获奖者参赛选手取得佳绩，为所有51个技能比赛项目的获奖者和各成员国家（地区）最佳选手奖的获奖者颁发奖牌，还要将世界技能大赛旗帜交接给2019年世界技能大赛主办方喀山。闭幕式通过数字直播吸引大量的现场和国际观众。

闭幕式是2017年阿布扎比世界技能大赛的亮点之一，闭幕式上颁发了奖牌和阿尔伯特·维达大奖。将近1万人挤满了du Arena体育馆，共享这精彩纷呈的闭幕盛典。闭幕式的进程与事先的规划分秒不差，准时结束。

开、闭幕式直播

感谢数字技术团队，他们使我们能够用阿拉伯语和英语向国际观众直播开幕式和闭幕式，让世界各地参赛选手的家人和朋友以及技能爱好者可以实时观看庆典。总的来说，这届大赛的在线观看人数要比往届多3倍。

开幕式和闭幕式

开幕式的全球在线观看人次为 177 552 人次，而闭幕式的在线观看人次为一百多万人次。在闭幕式上宣布了金牌、银牌和铜牌得主，各成员国家（地区）最佳选手奖和令人垂涎的阿尔伯特·维达大奖获奖者，该奖项授予总分最高的参赛选手。

获奖者之环

如果没有庆祝、没有给获奖者闪耀光芒的机会，任何奖项都是不完整的。获奖者之环是一块专门用来在获奖者拿到奖牌后欢迎获奖者的区域，这也是媒体进行初次采访、官方摄影师为每位获奖者留下喜悦瞬间的地方。本届大赛一共颁发了 254 枚奖牌。

告别宴会

闭幕式之后，就是告别宴会。举办告别宴会是为了庆祝为期四年的紧张准备工作的结束，并且让所有参与到这项赛事、让这项赛事圆满落幕的人们放松和享受乐趣。告别宴会一共有 3 500 人到场。

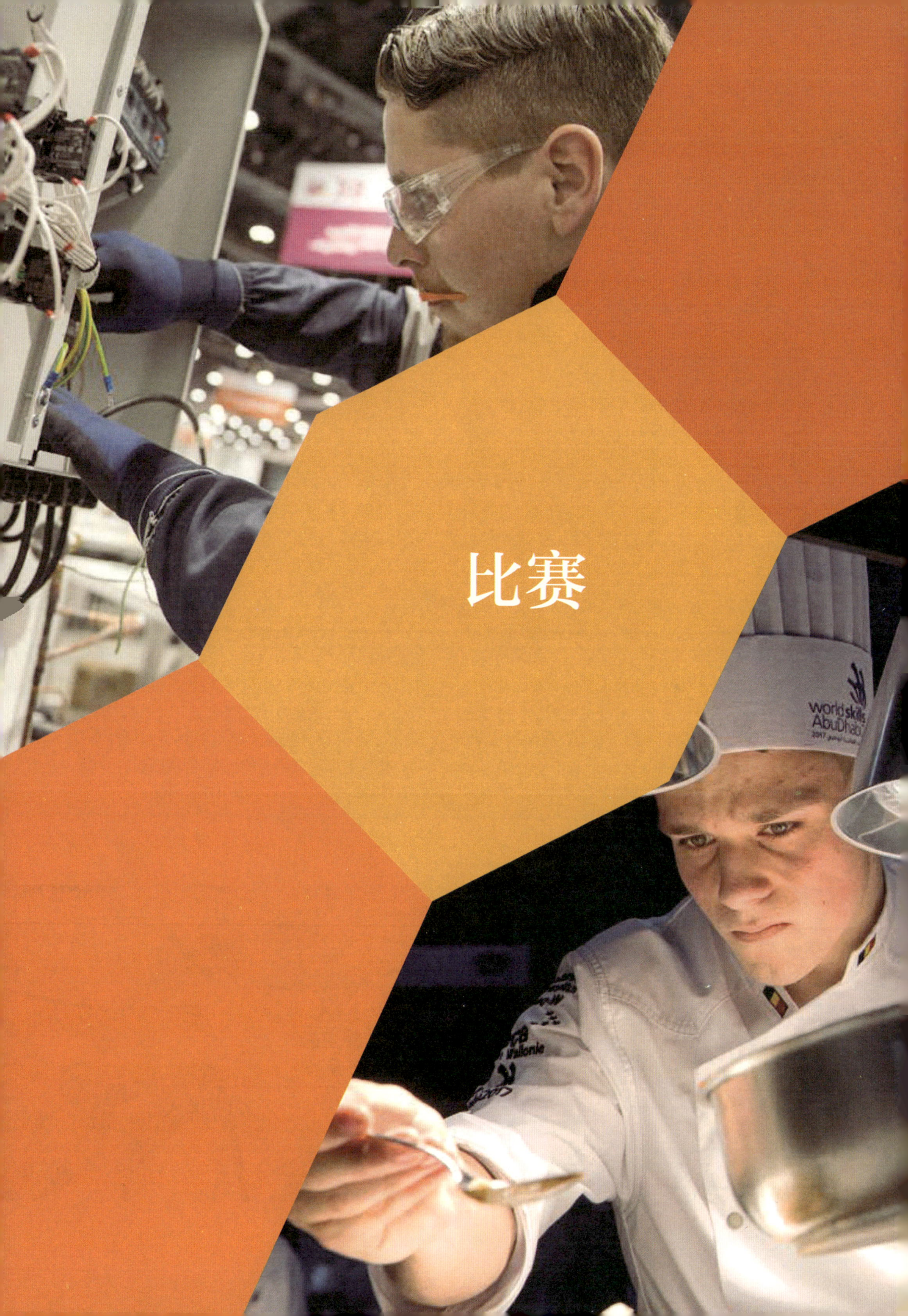
比赛

世界技能大赛是世界上规模最大、最负盛名的技能大赛。这是一个来自世界各地的年轻人展现其才华和创造力的国际盛会。这项大赛提供了一个全球性的平台，通过这个平台，技术娴熟的年轻专业人士可以展示他们经过多年努力获得的能力。大赛强调职业技术教育培训在繁荣经济和社会发展中发挥的重要作用。在这项赛事近70年的历史中，大赛一再为卓越职业技能和职业技能的提升设定新的标准。

通过首次将世界技能大赛带到中东，2017年阿布扎比世界技能大赛的目标是为卓越职业技能及其提升设定一个新的基准。大赛项目团队努力对赛会进行最好的安排，为参赛选手、代表团、合作伙伴、赞助商、主办方、志愿者和世界技能组织大家庭的所有其他支持者提供一个愉快的世界级环境。

在大赛期间，我们公平、诚实和透明地对待所有参赛选手，以确保2017年阿布扎比世界技能大赛在专业和个人方面让所有参赛选手均有收获。世界技能大赛的主要目标是提高技能竞赛的质量，确保它们与《世界技能标准规范》中描述的全球行业最佳保持一致。赛会要想取得成功，创造高品质的竞赛环境，为所有参赛选手、专家、代表团和观众创造有趣的学习体验、确保不发生任何严重事故也是关键因素。

随着世界技能大赛的规模、复杂性和成本的不断增长，可持续发展是一个不容忽视的问题。为了解决可持续发展问题，2017年阿布扎比世界技能大赛实施的举措包括：

- 与往届世界技能大赛相比，阿布扎比国家展览中心的场地规模较小，这需要对比赛场地进行详细规划，以减少参赛选手和专家的冗余空间，比例平均为30%。

- 参赛选手共用机器，这意味着专业机械的需求从65台减少到52台。

和每一项赛事一样，在预算内按时完成比赛至关重要。但前提是为了世界技能大赛成功、顺利地开展，不得牺牲任何重要因素，包括健康、安全和环境，安保、赛事医疗和紧急保障、无障碍设施、基础设施、采购、IT、空调、布局、比赛场馆、场地、机器、工具和设备，等等。

4天共进行了大赛的51项技能比赛（49个正式项目和2个展示项目）。这51个竞赛项目属于六个主要领域：结构与建筑技术、创意艺术与时尚、信息与通信技术、制造与工程技术、社会与个人服务以及运输与物流。这些竞赛项目都在阿布扎比国家展览中心的永久展览区域和特制临时建筑内完成。

我们共采购了将近100万（968 845）件设备、工具和材料，用来完成这51项技能比赛。所有材料（包括专业运输，需要用60多个12米集装箱来运输）的总价值约为9 000万迪拉姆，其中包括34台数控机床、22台熔接机、45台多功能烤箱、8个喷漆棚、2架直升机和近1 000吨沙漠红砂。

我们需要在很紧张的时间内规划、准备、运输、搭建所有竞赛项目的场地设施，要求在2017年10月15日比赛第一天前完成，所有比赛场地、分区必须功能完善，且符合健康、安全和环境规章的要求。

在4天的比赛中，来自世界各地的参赛选手根据其选择的技能项目完成一系列任务，目标是赢得世界技能大赛金牌、银牌或铜牌。那些成绩超过平均水平的参赛选手将被授予优胜奖。

共有1 251名参赛选手参加了第44届世界技能大赛，比上一届增加了6%。下表是对往届世界技能大赛的关键数字的总结。

2017年世界技能大赛的成果在附录1中列出。

届别 项目	2009年卡尔加里世界技能大赛	2011年伦敦世界技能大赛	2013年莱比锡世界技能大赛	2015年圣保罗世界技能大赛	2017年阿布扎比世界技能大赛
竞赛项目数量	41	43	45	46	51
参赛选手人数	847	931	999	1 184	1 251
参赛国家和地区数量	46	50	52	56	59
场地面积（包括临时建筑）	100 000平方米	90 000平方米	120 000平方米	213 000平方米	108 000平方米

场地（包括临时建筑）

阿布扎比国家展览中心（ADNEC）被选中举办第44届世界技能大赛及其相关活动，如会议、观众参与活动和展览。

2017年阿布扎比世界技能大赛是有史以来在阿布扎比举行的规模最大、最复杂的赛事之一，需要的场地总面积超过10万平方米。阿布扎比国家展览中心有12个相互连接的大厅、访客大厅和中庭，室内空间大约73 000平方米。在三个主要区域的临时建筑中，增加大约35 000平方米空间：

中央广场

中央广场内搭建一个40米×210米的临时建筑，建筑的软体墙高4米、中央顶高14米。这是一个全地板结构，用混凝土砌块固定。在该区域内举行的竞赛项目有美容、时装技术、花艺、美发、健康和社会照护、珠宝加工和商品展示技术。

看台

我们搭建了代表团用餐区和比赛区两个临时建筑。一个为高立方体建筑结构，总占地面积为40米×285米，软体墙高度为7米，另一个为15米×110米建筑结构，硬墙高度为4米，两个建筑之间相连。在该区域内举行的竞赛项目有家具制作、木工、精细木工和园艺。

棚坞

有两组连在一起的建筑作为比赛区，尺寸分别为30米×230米和20米×325米，软体墙高度为4米，另外建有一个30米×10米的结构作为学生观众的进入通道。在该区域内举行的竞赛项目是砌筑、混凝土建筑、油漆与装饰、抹灰与隔墙系统、建筑石雕以及瓷砖贴面。

我们的目标是提供质量高、功能完善的临时建筑，配备所有必要的服务设施，如电力、空调和换气，以便为比赛和观众创造适当的环境。

比赛

> 阿布扎比国家展览中心内搭建了约 35 000 平方米的临时建筑。

临时建筑合同是与两个有本地区和阿布扎比国家展览中心工作经验的供应商签订的。搭建和拆除临时建筑时的技术要求很复杂，且工作区域紧凑，因此面临着众多挑战。

此外，我们还搭建了一些小型临时建筑，用于校园行项目和运输管理、临时办公和存储区域。

场地设施搭建和拆除

在大赛开始前一个月时，我们就开始着手把场地改造成适合世界职业技能大赛比拼的舞台。所有比赛区和非比赛区的搭建和拆除，使阿布扎比国家展览中心和临时建筑能够容纳 4 天充满活力的职业技能赛事，在人群最后撤出时，这些建筑又恢复到原来的状态。

每块材料、每台设备以及电缆必须在 9 月 21 日临时建筑搭建开始时，严格遵守运输计划表的规定有序运往阿布扎比国家展览中心。

场地设施搭建和拆除的关键时间点如下所示：

2017 年 9 月 21 日	开始搭建临时建筑
2017 年 10 月 1 日	阿布扎比国家展览中心的展厅具备使用条件
2017 年 10 月 1 日至 8 日	技能比赛区域大部分已完成，比赛所需物品运输到位
2017 年 10 月 9 日至 14 日	技能比赛区域完工，非比赛区域完工，代表团来现场最终确定比赛方案和准备工作
2017 年 10 月 15 日至 18 日	2017 年阿布扎比世界技能大赛比赛日，面向公众开放
2017 年 10 月 19 日至 22 日	彻底拆除所有比赛设施，并将大部分场地交还给阿布扎比国家展览中心
2017 年 10 月 23 日至 26 日	拆除临时建筑，全部场地彻底清理后交还给阿布扎比国家展览中心

场地设施搭建阶段面临许多重大挑战，这使得大赛项目团队在大赛开始前几天内高度紧张。很明显的一个风险是一些技能比赛项目无法准时开始，甚至无法举行。

有众多因素可能会造成这种极端困难的情况，其中包括：

- 在搭建开始之前的几个月，基础设施清单中的项目来源要比往届世界技能大赛（参见下一部分）复杂得多，问题也大得多。获取基础设施清单中的项目时出现的延误和不确定性使得场地设施搭建阶段情况更复杂，也带来了额外的压力。

- 作为搭建阶段的关键角色，许多承包商和供货商并不像他们允诺的那样可靠，也没有达到足够高的标准。通过与项目其他领域类似的方式，我们已采取措施试图提高这些承包商和供应商的服务水平，但这种努力效果有限。

- 长期以来的事实证明，很难按照计划的时间表招募到具有合适经验和背景的工作人员进入技术团队。此外，在不同的阶段，团队中有许多人员变动。两者交融造成的后果是，技术团队没有能力像预期的那样运作。

- 如果计划和准备水平更高，大赛团队整体的管理更有效、协调和合作水平更高，那么情况会好很多。

在大赛开始前几天，搭建工程遇到的挑战不仅增加了准时撤离阿布扎比国家展览中心的风险——工作人员已经精疲力尽，而且使必须完成的工作的规模和复杂性更具确定性。于是我们迅速制定了一个方案寻找到另一个可靠的供应商，该供应商应在搭建阶段已证明其有能力以高标准完成任务。大赛项目团队与该供应商签订合同，为拆除阶段提供劳动力和管理支持。结果，拆除工作高效完成，场地被及时清理干净。

基础设施清单

所有竞赛项目所需的设备、机械、工具和材料的详细清单被称为"基础设施清单"。尽早确定并"锁定"基础设施清单，确保有足够的时间来获取基础设施清单上规定的大赛所需物品至关重要。相比往届世界技能大赛，2017年阿布扎比世界技能大赛面临的挑战更大。出现这种情况的原因如下：

- 理论上，构成基础设施清单的设备、机械、工具和材料的详细清单应在大赛开始前9个月的大赛准备周期间最终确定并"签字确认"。然而，现实情况是，直到大赛开始之前一直有要修改的请求。虽然世界技能组织的同事们非常支持"回绝"这些变更请求，但大赛组委会不得不在比本应该接受的时间更晚的阶段接受对基础设施清单的变更。

- 基础设施清单在线管理系统出现诸多故障，使用不便，信息输入缓慢。

- 很难招募到既能准确地识别基础设施清单上的物品，又能以适当的方式获得物品的工作人员。要求的精确度和项目范围的多样性意味着这是一个复杂的过程，需要工作人员高度精确和对细节的关注。

- 尽管阿联酋拥有庞大的供应商数据库，但许多都是全球性公司的子公司或合作伙伴。阿联酋和本地区的市场规模相对较小，这意味着物品库存水平和供应水平往往低于世界其他地区。这造成了后勤的复杂性，因为大量的货物和材料必须运到阿联酋，专门用于2017年阿布扎比世界技能大赛，其中许多货物和材料必须在大赛结束时运回原籍。

- 举办2017年阿布扎比世界技能大赛要遵守阿布扎比政府的采购政策、程序和流程，而这些规定不适用于复杂的大型国际赛事，如世界技能大赛。虽然合法的"变通办法"有时也可以使用，但使用不适合这次赛事的采购系统使事情变得相当棘手，并造成延误。

- 在供应商同意交付已订购的物品之前要求付款是司空见惯的，但在阿布扎比政府采购政策中，支付"预付款"是极其困难的。

总之，高度准确、及时地获取基础设施清单上列出的所有物品极具挑战性。事实上，这可能是整个赛事最大也是最重要的挑战。

标识

2017年阿布扎比世界技能大赛的场地面积超过10万平方米,因此有必要建立一个全面、清晰、连贯的赛事路标系统,为参赛选手、代表团和观众在不同的大厅、场馆和空间定向及导航。大赛团队采购并安装了大量的方向指示牌,这些指示牌安装在关键位置上,帮助引导人们前往目的地。为了实现这一目标,我们开发了一种易于识别的战略指路方法。

两个主要场地,即阿布扎比国家展览中心和IPIC体育馆(学生的上车区域),有超过500个单独的内部和外部指示牌。多家酒店、机场、"外部"活动地点、沙漠旅行、道路运输也放置了指示牌。

赛事指示牌的数量很多、覆盖面很广,在很大程度上对所有来访、工作或参加赛事的人都是有帮助的。

场地领域经理和场地经理

在世界技能大赛中,场地领域经理和场地经理对技能比赛场地的平稳运行至关重要。他们与世界技能组织、竞赛项目经理、首席专家、副首席专家以及其他专家们一起,确定了每个竞赛项目的要求。这不仅为"基础设施清单"提供了基础,而且使他们能够编制详细、精确的楼层平面图。

在总共51名场地经理中,有19名参加了2015年圣保罗世界技能大赛,在那里他们获得了宝贵的直观感受和体验。在本地招聘有经验的场地经理一直有挑战,通常来自海外的场地经理比例要更高。51个竞赛项目共安排了51名场地经理和56名场地经理助理。来自本地的场地经理通常搭配一名具有良好相关经验的国际场地经理助理,这有助于确保在所有领域都有最广泛的专门知识支持。

场地经理面临着诸多挑战,其中包括:

- 在本地很难找到经验丰富又有担任场地经理意愿的人,这主要是由于阿联酋相对较小,且教育领域中一些行业或技能的教育水平不高。

- 在赛事开始之前，与场地经理的进一步接触很复杂。产生困难的原因在于许多场地经理身在海外，几乎不可能把他们聚集在一个地方共事，为2017年阿布扎比世界技能大赛做准备。这使得我们很难分享共同的经验、建立一支强大的团队。实际上，2017年1月的大赛准备周是大赛开始前所有场地经理能够聚在一起的唯一时间。

- 有人认为，为了确保"基础设施清单"的准确性更高，场地经理最好不直接使用在线系统。但这样做的缺点是，针对某些竞赛项目，场地经理没有对"基础设施清单"上的物品有足够的认识。

我们决定只在工业领域组内召开日常会议，而不推广至所有技能项目，这意味着缺乏知识共享，协作解决问题的能力不足。

2017年阿布扎比世界技能大赛项目团队也招募了八名场地领域经理来监督六个行业领域。两个最大的行业领域——结构与建筑技术、制造与工程技术——分别分配了两名场地领域经理。场地领域经理对大赛的举办至关重要，他们在往届世界技能大赛和活动中的经验非常宝贵。考虑到他们做出的贡献，应考虑在未来大赛中将场地领域经理更广泛地纳入技术团队，并工作更长时间。

健康、安全和环境

各届世界技能大赛在健康、安全和福利方面的要求差别很大。每届大赛都是各种功能齐全的比赛场地混在一起，建筑工地、厨房和美发厅同处在一个环境中。竞赛项目范围广意味着需要考虑到各种风险。与此同时，每天都有大量观众进入场内，这也意味着健康、安全和环境非常复杂。

由于本地标准和国际标准不同以及其地理位置的独特性，2017年阿布扎比世界技能大赛在职业健康和安全方面面临新的挑战。在规划、实施和组织赛事时涉及健康、安全、福利和环境方面时，我们的目标是确保一个健康、安全的比赛和工作环境。

除了比赛，"尝试"活动、展览空间、发现实验室和展示区域也存在类似的问题。总的来说，所有这些都涉及年轻人尝试交互式的"动手"活动或学习体验，这就要求对活动说明和运行、控制投入更多的关注。

参与2017年阿布扎比世界技能大赛相关活动的每个人的健康、安全和福利都至关重要。世界技能大赛从未发生过非常严重的事故，2017年阿布扎比世界技能大赛面临的挑战是确保采取一切可能的措施来维持这些高标准。

健康、安全和环境职能部门与其他利益相关者和合作伙伴并肩工作。这些组织包括本地和区域利益相关者（SEHA、SANID等）、阿布扎比国家展览中心和其他场地管理团队、通过认证的世界技能组织代表、行业专家、合作伙伴和赞助商。与这些团体的伙伴关系和协作对整个赛事以及所有场馆的安全运行不可或缺。

健康、安全和环境团队研究了2015年圣保罗世界技能大赛以及其他赛事的健康、安全和环境报告，审查了相关技术说明和测试项目的规定。所有方案均按照相关赛事截止日期和适用的阿联酋法律制定。

> 2017年阿布扎比世界技能大赛没有发生严重事故。

总的来说，健全的健康、安全和环境政策法规意味着在大赛期间很少出现问题。然而，在这种规模的赛事中，总会有风险、危险和一系列挑战，这些包括：

- 针对世界技能大赛这类性质的活动制定合适的"儿童走失认领程序"。目前的程序还不够健全。制定和实施该程序对于观众的安全来说至关重要。
- 确保这类大型赛事的所有区域都配备训练有素的合格人员。这既包括竞赛项目场地、其他活动场地，也包括所有人对自己的行为承担全部责任，并在适当情况下出现问题时作为第一反应者采取行动。
- 在临时建筑内准备、制作和安装指示牌，配备适当的预防措施。
- 比赛最后一天，在美发项目比赛场地和邻近地区发生了食物中毒事件。

具体数据：

- 大赛期间共使用了 14 000 件个人防护装备（安全眼镜、安全手套、护耳、防尘口罩等）。
- 为大赛购买并在比赛场地安装的消防设备，如灭火器和灭火毯，总数是 320 件。
- 制作并在比赛场地安装了 1 650 个安全标志。
- 为了保证赛事顺利进行，健康、安全和环境工作人员的每天平均步行距离 32 千米。
- 在这样一项复杂的赛事中，为进行风险评估形成的文档就达 163 页。
- 场地设施搭建和拆除阶段共向工作人员、承包商、合作伙伴和代表团分发了 5 000 多件反光夹克。
- 为了确保所有电气设备符合大赛的用途，我们共测试了 2 659 件电气设备（大多数来自参赛选手的工具箱），确保这些设备安全且符合本地规定。

赛事医疗急救

赛事医疗急救保障由以下本地机构提供：

- 民防部门（警察局、救护车和消防部门）。
- 阿布扎比卫生服务公司（SEHA，SEHA 在阿拉伯语中的意思是"健康"）。
- 阿联酋国家紧急救援志愿项目（SANID，SANID 在阿拉伯语中的意思是"援助"）。
- 阿联酋医疗公司（NMC）。

在比赛进行期间，SEHA 在阿布扎比国家展览中心提供医疗服务，SANID 提供急救服务。在搭建和拆除阶段，NMC 提供医疗服务。NMC 还提供了在 IPIC 体育场学生观众区域的医疗和急救服务。

在比赛进行期间记录在册的医疗和急救事件低于预期：

- 共发生 178 起医疗事件。

- 4人被送往医院。
- 18名参赛选手接受伤口治疗（其中8人为手部切割伤）。
- 共发生21起小事故。
- 共有9起记录成册的事故报告需要审查。

赛事期间的事故发生率为0.136%（这是通过将事故数量除以观众数量并乘以100来计算的）。

信息技术

IT团队的任务是提供赛事所需的所有IT基础设施和网络。赛事所需的设备和网络经过评估，可确保阿布扎比国家展览中心的所有区域均连接上数据网络服务和互联网，方便快速、高效沟通。针对这种规模和复杂度的赛事，我们需要采购大量设备和服务，其中包括：

- 终端硬件（电脑、笔记本电脑、平板电脑和显示器）。
- 终端软件。
- 打印设备（打印、扫描和复印）。
- 综合网络，包括互联网和Wi-Fi。
- 给代表团用的移动电话。
- IT用户技术支持。
- 在所有比赛和非比赛区域设置、安装和拆除上述设备和服务。

台式电脑和笔记本电脑	打印设备
550台标准电脑 450台高端电脑 1 200台显示器：24寸 60台设计电脑：27寸 注意笔记本电脑是从阿联酋技能组织处借的，而非采购的。	25台A4多功能打印机 90台A4/A3多功能打印机 8台A4/A3多功能打印机 8台绘图仪 各种工业打印复印机

IT团队计划并实施上述区域设备的设置、安装和拆除。此外，IT团队还提供了以下方面的支持：

- 与计算机相关的竞赛项目。
- 非竞赛项目——认证系统、大赛信息系统（CIS）、参展商系统等。

原本计划在2017年9月，也就是大约在大赛开始前6周，将所有的硬件和软件都准备到位。这样可确保所有IT系统在10月初（大约在大赛开始前两周）有足够的时间运行，那么10月的前两个星期就可以用于IT系统的测试和调整。

不幸的是，延误——特别是在设备采购和交付方面——意味着这些时间表没有得到满足，因此在大赛开始之前对IT系统进行彻底测试的时间非常有限。

往届世界技能大赛的经验表明，在大赛开始前约3个月时，在比赛场地上准备一块至少200平方米的大型IT"暂存区域"非常重要。而阿布扎比国家展览中心现场没有这么大尺寸的空间，使用多个小空间又效率不高。

2017年阿布扎比世界技能大赛IT团队由技术团队中的两个协调员级人物组成。该团队得到了来自阿布扎比职业技术教育和培训中心IT部门充分的资源和技术支持，这对于团队解决问题、发挥团队功能是非常有帮助的。随着世界技能大赛的规模不断扩大，情况变得越来越复杂，并且随着对信息和通信技术服务支持各方面的需求日益增加，我们建议考虑增加这一领域的人力资源。

代表团和工作人员使用的手机

2017年阿布扎比世界技能大赛期间，有必要向所有工作人员和代表团提供赛事期间迅速、无缝沟通所需的工具。

手机是最主要的沟通工具，三星公司的赞助产品包括650部Galaxy A5智能手机和100部Galaxy S8智能手机。这些手机的壁纸、动画和

其他应用上展示2017年阿布扎比世界技能大赛的视觉识别标识。三星还为业务平台提供了许可和访问权限，并为每部手机配置和自动分发虚拟产品。

所有SIM卡都是通过预付费方案从阿联酋电信购买的。这种方案保证用户有足够的通话时间、互联网接入和社交媒体应用，还方便充值，但不能发送短信。由受过专门训练的志愿者管理一个服务台，负责手机的分发和返还，接收人必须亲自签署必要的表格。

这里存在着各种挑战，其中包括：

- 缺乏单独的暂存区域意味着准备手机非常消耗时间，安全存储也变得更加困难。
- 计划中的用于处理手机分发和返还的自动条形码扫描系统在短时间内被取消，而IT服务台仅有有限的空间来实施替代人工系统。
- 所有手机和平板电脑的管理都由一位IT协调员负责，而为其提供支持的志愿者的技能和积极性不足。
- 从技术角度来看，所有手机都必须更新到最新版本的Android或IOS系统，才能与三星系统充分兼容，而网络的延迟交付让手机的编程开始就带宽不足，结果是他们只在分发开始前几小时才更新完系统。
- 虽然所有的电话都有相同的通讯录，但是改进之后不能变更输入内容，这造成了一些问题（例如，当代表团注册晚了时）。

大多数工作人员的手机是在很晚的时候才发放，这意味着个人手机一直使用到大赛之前，结果是许多工作人员在赛事期间携带了两部手机，造成了不便。

为了减小对邮件服务器的需求，世界技能组织选择使用WhatsApp作为交流重要信息的平台，许多利益相关者建立了WhatsApp群。IT团队被拉入到其中许多群中，因此收到大量与他们的工作无关的消息。

世界技能组织成员和选手清单

序号	成员	参赛选手数量	序号	成员	参赛选手数量
1	澳大利亚	18	31	列支敦士登公国	5
2	奥地利	40	32	中国澳门	17
3	巴林王国	6	33	马来西亚	21
4	巴巴多斯	4	34	墨西哥	1
5	白俄罗斯	29	35	蒙古	6
6	比利时	16	36	摩洛哥	12
7	巴西	56	37	纳米比亚	7
8	加拿大	31	38	荷兰	28
9	中国	52	39	新西兰	13
10	哥伦比亚	24	40	挪威	20
11	哥斯达黎加	4	41	巴勒斯坦	2
12	克罗地亚	2	42	菲律宾	2
13	丹麦	15	43	葡萄牙	17
14	爱沙尼亚	7	44	罗马尼亚	2
15	芬兰	27	45	俄罗斯	58
16	法国	39	46	沙特阿拉伯	10
17	格鲁吉亚	7	47	新加坡	21
18	德国	42	48	南非	22
19	中国香港	22	49	西班牙	25
20	匈牙利	20	50	瑞典	27
21	印度	28	51	瑞士	38
22	印度尼西亚	31	52	中国台北	47
23	伊朗	28	53	泰国	26
24	爱尔兰	14	54	土耳其	4
25	意大利南蒂罗尔	22	55	阿拉伯联合酋长国	32
26	日本	45	56	英国	34
27	哈萨克斯坦	25	57	美国	11
28	韩国	46	58	越南	12
29	科威特	2	59	赞比亚	21
30	拉脱维亚	8		总计	1 251

会议

对于2017年阿布扎比世界技能大赛会议部分，我们原本计划是大体上遵循往届世界技能大赛的惯例只举行一个世界技能大会，在围绕这次会议内容和责任进行讨论之后，我们一致同意由世界技能组织负责此次会议。

在加拿大尼亚加拉瀑布举行的2016年世界技能组织全体大会上，阿布扎比职业技术教育和培训中心总干事提出了关于在2017年阿布扎比世界技能大赛期间举办一个青年论坛的建议，该论坛将与2017年世界技能大会保持一致。这个建议接受度很高。到2016年底，我们还提出了由阿联酋教育部长主持的"职业技术教育和培训部长峰会"的构想。最终，这三个部分都归在"会议活动计划"内，在2017年阿布扎比世界技能大赛期间分别召开了：

- 世界技能大会。
- 国际职业技术教育和培训青年论坛。
- 职业技术教育和培训部长峰会。

世界技能组织和2017年阿布扎比世界技能大赛组委会负责确保该"会议活动计划"广邀世界各地的教育部门、政府部门、商业和工业领域的领袖。会议鼓励与会者分享行业最佳惯例，了解职业技术教育培训、技能需求、未来技能以及卓越技能的全球趋势和相关问题。

世界技能大会

2017年世界技能大会于10月16日至17日召开。这次会议汇集了来自行业、政府、国际组织和学术界的领军人物，共同帮助制定全球技能议程。

发言人和团队成员包括来自世界各主要职业技能发展组织的代表，这些组织包括联合国教科文组织（UNESCO）、联合国教科文组织职业技术教育中心（UNESCO-UNEVOC）、全球学徒制网络（GAN）、英国文化协会、欧盟委员会、国际劳工组织（ILO）、阿联酋教育部、德国联邦教育和研究部、阿布扎比职业技术教育和培训中心以及俄罗斯世界技能组织。

在会议期间，总共举行14次小组会议，讨论与技能发展有关的中心议题，包括在日益数字化的世界中技能和职业的全球化，以及工作岗位和技能之间的不匹配。

整个"会议活动计划"的主持人是BBC首席国际通讯员莱丝·杜塞特（Lyse Doucet）。

世界技能组织主导并负责世界技能大会的内容和组织。2017年阿布扎比世界技能大赛团队通过以下方式支持世界技能组织的工作：

- 为世界技能组织"会议联盟"的阿联酋成员提供支持和建议。

会议

- 为阿联酋会议制定了一套议题和建议清单,方便其决策和最终批准。
- 与世界技能组织会议团队进行了高水平的协调,以确保有一个统一的会议主题,并确保其他会议活动与之相互联系和协调。
- 与世界技能组织密切合作,以实现其创新理念召开滚动议程会议的目标(由世界技能组织主导)。
- 密切跟进世界技能组织的会议议程,加强2017年阿布扎比世界技能大赛团队内部的协调。

世界技能研讨会第一天的日程如下:

会议日程 2017年10月16日

时间	会议室A	会议室B
08:30	欢迎会	
09:00	开幕式 第一部分 塑造未来——面对现在的职业技术教育和培训政策 第二部分 青年之声:碎片化时代的现实 小组讨论 部长和青年代表	
10:00	茶歇	
10:30	雇主究竟想要什么样的技能? 小组讨论	新型转型经济所需的技能:需求 主题发言、小组讨论和研讨会
11:30	城市内的技能发展:为经济发展提供动力 小组辩论	
12:30	午餐	
13:30	工作和技能之间的不匹配 主题发言、之后是小组讨论	让一代人去工作:解决青年失业问题的创新方法 小组讨论
15:00	茶歇	
15:30	无界的技能和职业 第一部分:发现改变技能的需求 小组讨论	
17:30	第一天会议结束	
18:00	阿布扎比国家展览中心内举办的交谊欢迎会	

世界技能研讨会第二天的日程如下：

会议日程　　　　　　　　　　　　　　　　2017年10月17日

时间	会议室 A	会议室 B
08:30	连接创造和技术：两者应如何合作、共存？ 辩论	全球经济趋势的启迪以及技能需求预期的市场力量 小组讨论
09:15	无界的技能和职业　第二部分：走向新型合作和管理方法 小组辩论	全球技能一览：初探三种系统 （09:30开始） 研讨会
10:30	茶歇	
11:00	我们该如何塑造现在的教育系统来应对未来的变化？ 小组讨论	新型转型经济所需的技能：反馈 主题发言、小组讨论和研讨会
11:45	无界的技能和职业　第三部分：如何推广无界技能？ 小组辩论	
12:45	午餐	
13:45	与世界技能组织荣誉会员和世界技能组织冠军联络组一起参观世界技能大赛	
15:00	茶歇	
15:30	闭幕式 部长和青年代表	
16:45	闭幕总结	
17:00	会议结束	
19:00	会议晚宴	

国际职业技术教育和培训青年论坛

首届国际职业技术和教育培训青年论坛于2017年10月14日至15日举行。这项令人兴奋的新活动是2017年阿布扎比世界技能大赛的亮点之一，它为来自世界各地的年轻专业人士提供了塑造技能未来的独特机会。其目的是树立一个激励人心、雄心勃勃的青年论坛的概念，这将是2017年阿布扎比世界技能大赛遗产的关键部分。因此，必须与不同的地方和国际组织建立牢固和有效的伙伴关系，以确保得到充分的指导和支持，包括后勤支持。

其中包括：

- 阿联酋教育部和阿联酋青年事务国务部长——提供机构支持（介绍合作伙伴）。
- 阿联酋各大学、阿联酋青年事务国务部长、阿联酋基金会——招募本地与会者。
- 一系列阿联酋和国际组织——内容支持和指导（阿联酋宽容国务部长、2020年世博会、费斯托公司、西门子公司、世界技能组织"成为变革者"计划、联合国教科文组织职业技术教育中心以及国际劳工组织）
- 世界技能组织成员、世界技能组织全球合作伙伴和"会议联盟"合作伙伴——招募国际与会者。

国际职业技术教育和培训青年论坛的幕后团队与不同的实体密切合作，以确定详细方案和整体后勤安排，还要确保论坛以合乎逻辑和连贯的方式与世界技能大会、国际职业技术教育和培训部长峰会结合，并与比赛紧密关联。

共有300名年龄在17~32岁的年轻人应邀参加"青年论坛"，大约一半来自整个阿联酋，其余来自70个不同的国家和地区。这些青年的技能范围涵盖抹灰、护理、电子技术和美容。与会者平均年龄21岁，其中男性128人，女性172人。

在大赛开始前的几个月里，与会者开始在在线论坛上讨论具体的全球性挑战，旨在让他们把对未来的愿景传递给高层决策者，以激发积极的改变。

与会者讨论了涵盖全球主要挑战的具体议题，这议题成为他们分享观点、研究和个人经历的论坛，反映了阿联酋的国家优先事项：

- 工业 4.0。
- 创新。
- 企业家精神。
- 全球公民。
- 绿色经济。
- 幸福和宽容。

与会者得到专业人士的支持，并由专家导师指导。在"青年论坛"开始之前，本地和国际与会者通过网络论坛发送了 3 000 多条聊天信息。国际职业技术教育和培训青年论坛为期两天，在阿布扎比国家展览中心举办。在线上合作后，300 名青年与会者在阿布扎比会面。他们听取了来自职业技术教育培训领域顶尖专家和其他具有丰富技能经验的专家的启发性见解。

论坛的高潮是发布有史以来第一个《关于技能和职业技术教育培训的未来的青年宣言》，该宣言在职业技术教育和培训部长峰会和世界技能大赛的联合开幕典礼上向各国决策者发布。国际职业技术教育和培训青年论坛被广泛认为取得了开创性的成功，建议未来的大赛东道国继续举办该活动。

《关于技能和职业技术教育培训的未来的青年宣言》的完整内容请参考附录 3。

职业技术教育和培训部长峰会

2017 年 10 月 16 日至 17 日，在阿布扎比国家展览中心举行了职业技术教育和培训部长峰会，教育、技能、工业和商业部长们就职业技术教育培训领域的发展展开讨论。

主办方的目标是确保该峰会的内容与阿联酋教育部议程兼容，并确保满足部长们的要求。此外，峰会内容必须与其他会议活动和世界技能大赛本身有关。

为了举办一次成功的职业技术教育和培训部长峰会，团队采取的步骤依次如下：

- 为不同的会议制定多种主题和形式，提交给阿联酋教育部长，以获得反馈并修正。
- 确定职业技术教育和培训部长峰会的最终方案，确认会议主席和非公开会议的主持人，以及峰会和世界技能大会的开幕式、闭幕式团队成员名单。
- 确保所有会议都与"未来道路：提供一个共同的职业技术教育培训议程"的主题相一致。
- 通过与国际职业技术教育和培训青年论坛和世界技能大会建立强有力的联系，将部长峰会与其他会议活动的主题相结合。

峰会非常成功。在峰会上，部长们也赞同"青年论坛"准备的《关于技能和职业技术教育培训的未来的青年宣言》。

职业技术教育和培训部长峰会由阿联酋教育部长侯赛因·易卜拉欣·哈马迪阁下主持。19位部长和10位来自国际组织的高级别部长级代表参加了会议，他们共同代表了美洲、欧洲、非洲、亚洲和大洋洲这五大洲。

后勤

我们的目标是在阿布扎比国家展览中心的会议大厅A和B以及比赛大厅中"背靠背"地组织这三项会议。尽管这样做从后勤角度来说极具挑战性——因为每场会议的观众、发言人、内容和品牌推广均不同——但整体效果非常好。

我们采用的方法是搭建一个背景极具美感的舞台，提供和设置视听设备以满足所有三项会议活动的要求。舞台背景是巨大的LED屏幕，方便根据每项会议活动进行更改。主会议大厅内有一个开关，方便将背景从品牌推广切换成发言人讲话。世界技能组织网站上也有世界技能大会的直播。

针对会议活动，我们也在会议大厅A前面设置了仅面向会议与会者的咨询台，咨询台为会议活动提供了诸多帮助。

"会议活动计划"是2017年阿布扎比世界技能大赛的亮点之一。很早的时候我们就清楚地认识要确定一个统一的主题，它不仅需要将各个会议主题联系起来，还需要建立与世界技能大赛的联系。

会议的统一主题最终确定为"未来的道路：提供一个共同的职业技术教育和培训议程"。通过该主题，我们可以连接不同的会议活动、利益相关者和嘉宾群体。此外，"青年论坛"上《关于技能和职业技术教育培训与未来的青年宣言》为会议和后续的小组讨论提供了一个完美的话题。部长们和会议与会者有机会思考青年发出的声音，并在制定未来的政策时考虑到这一点。

赞助

世界各地和众多不同方面的赞助商和合作伙伴的支持对世界技能大赛至关重要，世界技能大赛两年举办一次，作为一项负有盛名的全球性活动，需要大量的财力和物力。大赛预算的很大一部分用于每项技能比赛所需的设备、工具和材料的保障，2017年阿布扎比世界技能大赛赞助团队要保障所需物品大部分来自捐献或借用，且数量充足。

该团队的目标是在2017年阿布扎比世界技能大赛项目团队与各种各样的企业赞助商之间形成互利的商业协议。赞助商的支持能提高赛事声望，而赞助赛事就是对职业技能未来的投资，将推动其在阿联酋和全球范围的发展。

为了达成与阿布扎比政府的公私伙伴关系，2017年阿布扎比世界技能大赛项目团队需要获得最大程度的支持（现金和"现金等价物"）。

为了实现这一目标，我们确定了一系列高级目标：

• 获得高水平"现金等价物"赞助：世界技能大赛所需的大量材料、设备和机械，这在"基础设施清单"（通常称为"IL"）中有详细说明。根据往届世界技能大赛的数据，"基础设施清单"上所有物品的预估费用为9 000万迪拉姆。对于2017年阿布扎比世界技能大赛来说，假设通过现金等价物赞助可以覆盖75%的"基础设施清单"费用，剩余的25%（2 250万迪拉姆）将包括在预算支出中。

• 除了"基础设施清单"外，举办2017年阿布扎比世界技能大赛所需的其他要素可能可以通过现金等价物赞助获取。为达到节约预算目的，拟定的要素包括：

　○ 交通（巴士和其他车辆）；

　○ 代表团沙漠之旅；

　○ 餐饮、酒店、临时建筑等；

　○ IT设备和服务；

　○ 仓储和后勤服务；

　○ 赛事相关部分，如建筑结构、"基础设施清单"上未列出的设备等；

　○ 宣传材料和礼物，如绶带和袋子；

　○ 工作人员和志愿者服装；

　○ 观众体验（或观众体验的特定部分）；

　○ 特定活动和计划（教育体验、在阿联酋境内的路演等）；

　○ 在阿布扎比及周边地区的广告、媒体和宣传；

　○ 赛事相关保险；

　○ 从阿布扎比媒体集团这样的组织处免费获取支持；

　○ 参加2017年阿布扎比世界技能大赛和世界技能组织团队差旅和会议，如大赛准备周，所需的机票；

　○ 从其他组织借调员工（来节省人工薪酬开支）。

主要目标是获得现金赞助，因为就提供大赛费用的灵活性而言，这是最好的选择。然而，我们知道现金赞助比现金等价物赞助更难获取。

赞助商

主赞助商

战略赞助商

官方赞助商

竞赛项目赞助商

机构合作伙伴

国家合作伙伴

国家级至尊合作伙伴

国家级铂金级合作伙伴

国家级黄金级合作伙伴

国家级白银级合作伙伴

媒体合作伙伴

教育赞助商

除了获取现金等价物赞助或现金赞助外,该战略的一个重要内容是让所有赞助商尽可能广泛地参与到2017年阿布扎比世界技能大赛中。例如,在大赛中举办"试一试"活动,通过赞助商自身的营销渠道、社交媒体宣传、网站链接、2017年阿布扎比世界技能大赛徽标展示等宣传活动进行赛事宣传。这种方法不仅拉近了与赞助商的关系,而且提高了2017年阿布扎比世界技能大赛的整体影响范围和影响力。

方法

除了获取新的支持、新的现金等价物赞助商和现金赞助者之外,该计划还向支持往届世界技能大赛的高级赞助商和支持者求援,使用传统的方法来吸引他们的兴趣,通过电话、电子邮件、面对面会议,以及共享赞助信息包的方式,详细说明赞助活动如何为双方带来商业利益、发展品牌并开拓业务。

通过参观其他区域性赛事,团队能够确定每个行业的主要市场主体,并与世界技能大赛中所有行业的活跃赞助商联系。该团队还通过参加阿联酋的一些教育活动来获取赞助,并与2017年阿布扎比世界技能大赛高级组织委员会和阿布扎比职业技术教育和培训中心管理层合作,以确保获得赞助支持。

我们拟定了一项行动计划以吸引赞助商,包括制定有吸引力、有针对性的一揽子赞助方案,适合不同预算的赞助商,同时确保选择合适的赞助商,这对于比赛的整体成功至关重要。我们通过多次面对面的会议和电话会议介绍活动,确保所有赞助商都能与赞助团队"面对面",并满足赞助商的个人目标和要求。

为了确保为2017年阿布扎比世界技能大赛筹集到高水平的现金等价物赞助和现金赞助,我们制定了详细和系统的计划。其中的主要内容包括:

- 建立赞助商等级制度,根据每个赞助商的贡献水平来确定其级别。赞助商等级制度是整套权益矩阵的一部分,规定了每个级别的赞助商能享受的权益。

- 鉴于2017年阿布扎比世界技能大赛既是一项重要的教育活动,也是一项旨在促进阿布扎比和阿联酋未来愿景的活动,我们注意到,大多数公司和组织都希望从企业社会责任的角度赞助这项赛事。对于许多公司和组织来说,"做正确的事情"并且被看到这样做,对于他们定位和更广泛地展现自己是一个重要因素。

- 谢赫穆罕默德·本·扎耶德·阿勒纳哈扬殿下的赞助以及阿布扎比政府的大力支持，也是潜在赞助商和合作伙伴决定是否成为 2017 年阿布扎比世界技能大赛合作伙伴的重要因素。

- 通过与阿布扎比职业技术教育和培训中心、阿联酋技能组织和世界技能组织现有赞助商来获取对 2017 年阿布扎比世界技能大赛的赞助。世界技能组织全球合作伙伴将成为 2017 年阿布扎比世界技能大赛的赞助商，根据其与世界技能组织的合同，这些赞助商都将享有"优先购买权"，并有品牌和产品的排他权。

- 2017 年阿布扎比世界技能大赛高级组织委员会的成员是来自阿布扎比主要公司和组织的高级代表，我们计划利用这种强有力的联系获取现金等价物赞助和现金赞助。

针对潜在赞助商，我们根据一系列因素为以下方法排序：

- 首先寻求高价值的赞助，以确保在实现目标方面取得更快的进展。

- 获取或生产不同物品所需的时间（或交货期）。我们认识到，一些材料、设备和机器可能无法在阿联酋获得，因此需要及早获得，否则可能出现问题。

- 各项不同竞赛项目的要求。

一些国际赞助商的内部程序相当长，所以我们需要考虑到签订合同所需的准备时间。此外，我们还确定了适当的技术，如采用"销售漏斗"方法、设定赞助目标、监测和报告进度等，以确保获取所需的现金等价物赞助和现金赞助。我们开发了必要的资源和间接营销手段，如展示、视频、小册子、赠品等，并提供给赞助团队来支持与潜在赞助商的联系。

在决定赞助商级别时，其贡献值通过以下部分加和计算得出：

- 现金等价物赞助的价值，如赠送的物品、消耗品、材料等，能直接降低 2017 年阿布扎比世界技能大赛的预算消耗；

- 赞助商借出的实物赞助的价值，物品在竞赛结束后需返还给赞助商；

- 现金价值。

2017 年阿布扎比世界技能大赛赞助团队与世界技能组织密切合作，迎来了一位全面赞助商（OEP），这是非常重要的。全球电子巨头三星公司自 2007 年以来一直赞助世界技能大赛，我们与三星达成协议，三星将以全面赞助商的身份来到 2017 年阿布扎比世界技能大赛。所有由大赛主办方以及世界技能组织制作和分发的市场推广材料均需获得全面赞助商的认可。

克服挑战

在争取 2017 年阿布扎比世界技能大赛的赞助时，我们遇到了很多挑战。首先，在关键的早期阶段，我们缺少一位全职的赞助负责人，导致在确定初始赞助方案时出现一些困难和延误。在没有专门负责赞助的工作人员的情况下，大部分责任和征集赞助工作都是由技术团队承担的。因此，在许多情况下，技术团队、大赛项目团队其他部门和世界技能组织共同分担责任。这种方法确实有一些优点，因为讨论现金等价物赞助时通常需要技术或技能相关的人员参与进来。

赞助

征集赞助时也经常出现"重复推销"。许多现有的世界技能大赛合作伙伴关系是与跨国公司建立的，然而，这些公司中有许多不在中东地区经营，对于那些在中东地区经营的跨国公司来说，它们通常通过第三方经销商或合作伙伴组织来经营。这意味着赞助团队不得不多次推销世界技能大赛的概念。

此外，在最关键的初期阶段，我们在本地征集赞助时遇到很多困难。大部分本地公司的赞助都是在最后几个月收到的，而不是在最关键的前几个月，恰恰我们需要在最关键的前几个月确定赛事所需的费用。

尽管艰苦，2017年阿布扎比世界技能大赛赞助团队与世界技能组织合作，成功征集到赛事所需赞助，具体如下表所示。

项目	阿联酋	海外	总计
全面赞助商	—	1	1
国家级至尊合作伙伴	1	—	1
国家级铂金级合作伙伴	5	—	5
国家级黄金级合作伙伴	6	—	6
国家级白银级合作伙伴	3	—	3
教育赞助商	5	—	5
主赞助商	—	4	4
战略赞助商	9	10	19
官方赞助商	17	17	34
竞赛项目赞助商	12	21	32
机构合作伙伴	6	—	6
赞助商总数	64	52	116
参展商总数	10	19	29

注：数据来源与原文一致，不对数据进行核实。

总的来说，赞助策略的效果非常好。该团队为2017年阿布扎比世界技能大赛获得了大量赞助商和参展商，所有赞助目标都圆满实现。

赞助商既为大赛提供了赞助,也提高了大赛的知名度,绝大多数赞助商和参展商对 2017 年阿布扎比世界技能大赛的反馈极好,不任他们对赛事的支持。

赞助商提供的赞助总额如下表所示。

赞助类别	金额/迪拉姆		
	阿联酋	海外	总计
现金赞助	15 386 786	6 512 719	21 899 505
现金等价物——基础设施清单	20 327 517	41 272 181	61 599 698
现金等价物——非基础设施清单	59 002 904	—	59 002 904
合计	94 717 207	47 784 900	142 502 107

赞助商和贵宾晚宴

非常感谢您的大力支持——2017 年阿布扎比世界技能大赛期间,我们成功举办了一场赞助商和贵宾晚宴。晚宴旨在向第 44 届世界技能大赛的所有赞助商表示感谢,感谢他们的慷慨赞助。我们将晚宴级别提高到一个新的高度,让所有参加晚宴的人流连忘返,也为今后的大赛设定了标准。

为了实现这一目标,负责团队放弃了传统的自助餐式晚宴,转而选择在阿布扎比的一个地标性建筑中享受更轻松的形式和氛围。经过 5 个月的遴选,我们最终在几个备选中选择了阿布扎比亚斯码头一级方程式赛车环形赛道(F1 Yas Marina Circuit Track)作为晚宴场地,当然,我们签订了赞助协议。

场地供应和活动管理团队负责协助 2017 年阿布扎比世界技能大赛代表们让晚宴取得成功。在这方面,亚斯码头一级方程式赛车环形赛道晚宴团队证明了他们的专业性和工作能力。贵宾和赞助商晚宴于 2017 年 10 月 17 日在阿布扎比亚斯码头一级方程式赛车环形赛道的终点线处举行,有 550 名贵宾和赞助商出席,嘉宾好评如潮。

宣传

我们开展了大规模的直接营销活动，让 2017 年阿布扎比世界技能大赛不仅在规模、参赛选手和观众数量方面，也在全球曝光度方面为之后的大赛树立了新标准。

2017 年阿布扎比世界技能大赛市场营销与传媒战略主要面向两类受众：首要目标受众来自学校，包括中小学生、教师和家长；次要目标受众是其他观众，来自大学、政府和普通民众。针对每类目标受众，我们均设计了市场营销方案，目标是通过强调技能在社会中的重要性以及教育一代有才华的阿联酋人来从事未来的工作的重要性，提高人们对职业技术教育培训的认识。

在统一的市场营销活动主题"skill it"（"技能"）下，我们为大赛的 6 个技能领域分别创建了标语：

市场营销与传媒团队还创建了一个通用的标语——"Explore it, skill it"（"探索，技能"），在不针对任何特定领域时使用。在品牌概念的视觉元素中，人作为元素代表一种特殊的技能，表明技能是每个人的天性所固有的，它可以是一种激情或爱好。利用年轻人的想象力，吸引人们的注意力和消除对职业技能的误解，这是新鲜而充满活力的做法。我们提前设计了指路标识，确保主赛事和二级赛事使用的所有标识统一。

从 2017 年 1 月举办的大赛准备周到 10 月 19 日赛事结束，我们与阿布扎比职业技术教育和培训中心合作举办了多场活动来推广 2017 年阿布扎比世界技能大赛。我们制定了一套媒体计划，包括赛事推广、户外品牌宣传、电子邮件营销、广告、公关、与社交媒体及本地媒体的伙伴关系，以及直接营销活动。其中包括：

- 户外：在重要地点的巨幅广告牌和灯柱广告，如雷姆岛、科里基街和阿卡里阿拉比街。

- 在《团结报》（Al Itlihad）、阿联酋境内的阿拉伯语报纸和《阿布扎比世界》（Abu Dhabi World）等新闻媒体上刊登广告。其中，《阿布扎比世界》是阿联酋宣传活动的顶级杂志之一。

- 影院：从大赛开始前两个月起，在阿联酋的所有电影院播放一个宣传视频。

- 电视：10 月 7 日—17 日，在阿布扎比电视台投放 50 条插播广告，在阿布扎比 Al Emarat 电视台投放 50 条插播广播。

- 电台：10 月 7 日—17 日，在 QFM 和 Emarat FM 电台投放 300 多条插播广告。

- 电子显示屏：在大赛开始前两个月时，在阿布扎比及其他地区最大的商场内安装显示赛事倒计时的电子显示屏，其中包括阿布扎比购物中心、亚斯购物中心、海滨购物中心，以及迪拜的阿联酋购物中心。

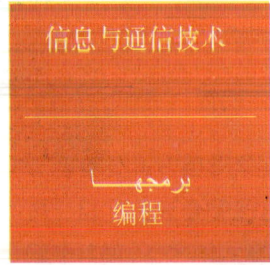

宣传

- 数字化：9月25日—10月14日，向2017年阿布扎比世界技能大赛合作伙伴发送电子邮件，如拥有300万活跃成员的阿提哈德航空公司。
- 移动广告：阿布扎比警察总局在赛事开始前一个月发送的每条信息都包含2017年阿布扎比世界技能大赛的网站链接。
- 其他：阿提哈德航空公司在一些繁忙的航线上的飞机上悬挂了赛事标志，一架警用直升机上悬挂宣传赛事的旗帜，以及1 500辆警车贴有2017年阿布扎比世界技能大赛标志。

总体而言，2017年阿布扎比世界技能大赛的市场营销与传媒团队成功达到了主要赛事和相关活动的目标。

> 2017年阿布扎比世界技能大赛的目标、成就和信息响彻全球。

印刷品和艺术品总数如下表所示：

位置	印刷品	艺术品（件）
阿布扎比国家展览中心	18千米	1 000
IPIC体育馆	500米	18
du Arena体育馆	1千米	102
亚斯码头环形赛道	900米	165

所有这些努力都是为了向全球传递2017年阿布扎比世界技能大赛的活力和成功、全球世界技能运动的本质和信息，以及职业技能培训在建设和塑造未来经济社会方面的重要作用，目的不仅是通知，而是教育、启发、激活和激励。

传媒和公关

2017年阿布扎比世界技能大赛的目标、成就和信息在赛前、赛中和赛后在全球引起共鸣。这个世界上最大的职业技能展示窗口获得了前所未有的全球报道，一些最负盛名的媒体记录了2017年阿布扎比世界技能大赛的故事。

共有1 145名授权的媒体代表报道了第一次来到中东的世界技能大赛。对报道的分析显示，2017年10月，即大赛当月，2017年阿布扎比世界技能大赛在媒体上被提及了9 100多次。

其中包括在知名纸媒和广播媒体上的专门文章和广播片段，当宣布2017年阿布扎比世界技能大赛获奖者时，报道达到顶峰。结果证明，Facebook是宣传和分享报道极其强大的渠道。

这次新闻报道让人最为满意的方面之一是许多主要国际新闻和广播电视网络第一次报道了世界技能大赛。其中包括：

- 《华尔街日报》上的头条文章。
- 美国有线电视新闻网（CNN）中东市场频道上6分钟的视频展示（全球播放6次）。
- 法新社（AFP）的一篇文章刊登在世界各地的出版物上，包括读者最多的英语新闻网站每日邮报网络版（Mail Online）。
- 在最大的全球性法语综合频道法国电视5台（TV5 Monde）的主要晚间新闻上，对世界技能冠军联络组一名成员进行的一场现场访谈。
- 在英国广播公司（BBC）全球网络上播放的两段视频以及在BBC商务频道上（190万观众）进行的一场Twitter直播。

此外，路透社电视台、中国中央电视台（全球华人广播电视网络）、两个法国国家电视网、俄罗斯第一频道（该国收视率最高的新闻节目）、韩国国家电视网每个频道、日本广播协会(NHK)以及来自其他几个国家的国家频道都报道了这一赛事。英国（《泰晤士报》《每日电讯报》）、澳大利亚、荷兰、阿联酋、印度(印度报业托拉斯)以及包括中国、日本、韩国、中国台北和新加坡在内的众多亚洲国家和地区的报纸也刊登了有关2017年阿布扎比世界技能大赛的报道。

负责赛事拍摄的官方摄影师拍摄了19 348张照片，这些照片在可搜索的、广泛的、容易访问的世界技能组织Flickr频道上共享。这些图片在上传的第一个月被观看了6 193 906次。与此同时，有关这次赛事的85段视频——2017年阿布扎比世界技能大赛开幕式和闭幕式典礼的视频除外——被上传到世界技能组织YouTube频道上。

媒体中心

本次赛会的目标是让2017年阿布扎比世界技能大赛可在全球范围观看，并在本地和国际传播媒体和渠道上宣传本次赛事的相关消息。因此，为媒体代表提供最优质的设施和工作条件至关重要。为了实现这一目标，在阿布扎比国家展览中心专门设立了一个大型国际媒体中心。这个功能齐全的工作空间使1 145[①]名被认可的媒体代表（815人来自新闻媒体、251人来自会员媒体和78人来自官方媒体）能够对信息进行快速、高效的整理和传播。

媒体中心的第一版设计方案是在2016年10月，也就是大赛开始前12个月开始起草，在大赛开始前4个月最终确定。媒体中心所需的所有相关家具和设备的采购也早在大赛开始前11个月就开始了。媒体中心总共有192张办公桌、2台企业打印复印一体机、72个储物柜、3个会议室、2个采访区，还有1个新闻发布会区域用于在比赛期间发布公告和媒体简报，另外还有2间办公室、1个服务台和1个后勤办公室，全部配备24小时的无线网络。

世界技能组织开发了一个在线媒体认证程序，可供购买媒体会员和新闻套餐，会员支持团队协助向所有登记有兴趣报道大赛的媒体国际成员发出邀请函和签证申请表。

媒体代表可以通过官方网站完成媒体认证程序，媒体被分为新闻媒体、官方媒体和会员媒体。在线注册系统于6月29日上线，在线注册的截止时间是9月30日。因为认证人数在后期激增，所以媒体认证团队在截止日期之后仍在接受申请，直至10月7日。总共有来自53个国家的839名媒体人员完成预注册，306名在现场注册。因为有近三分之一的人在现场注册，所以认证和打印时出现排队情况。

① 数据来源与原文一致，不对数据进行核实。

媒体中心在大赛开始前三天开始全面运作。工作人员每天工作10小时，直到闭幕式后两天。从早上8点到下午6点，每天媒体中心都提供免费咖啡、茶、果汁、水、早餐、小吃、美食、午餐和下午点心。

总之，媒体中心并没有遇到很多问题，运行顺利。一般来说，来自媒体代表的反馈是非常积极的。特别值得一提的是，媒体代表喜欢储藏个人设备的储物柜，用来坐下来采访的私人会议室，还有休息室和餐饮区。通用的工作区和工作站组织得很好，给媒体代表提供了良好的工作空间。

对于未来的大赛，我们建议，因为媒体代表和观察员套餐之间有一些混淆之处，这导致了一些媒体代表拥有额外特权的问题。我们还认为，为防止延误，本可以更好地组织开闭幕式门票和腕带的发放。

我们在专门的新闻会议室里共举办了五场新闻发布会。媒体中心最繁忙的时间段是在上午8点至中午12点，以及在开幕式和闭幕式上分发媒体腕带期间，最繁忙的日子是大赛前一天和大赛第一天。

社交媒体

我们还成立了一个专门的社交媒体团队以及一个数字专业小组来管理2017年阿布扎比世界技能大赛Facebook、Twitter、Instagram和Snapchat账户，目的是提高本地和国际社会对世界技能大赛的认识，并建立一个平台，使参赛选手、专家和其他人联合起来，以接触到广泛的数字受众。社交媒体活动的另一个目的是向参加大赛的国家和地区介绍整个阿联酋，特别是阿布扎比。

社交媒体团队采取了创建主题内容日历的方法，通过标题和标签支持有吸引力的视觉效果，每天在 Facebook、Twitter、Instagram 和 Snapchat 账户上多次发布信息，在参赛国家和地区中进行宣传。2017 年阿布扎比世界技能大赛还吸引了 30 名阿联酋网络名人，他们在社交媒体上向粉丝发出了响亮的声音。

Facebook

Facebook 是面向 13～30 岁的国际观众的主要宣传工具。在大赛之前，2017 年阿布扎比世界技能大赛 Facebook 主页面共有 15 898 名粉丝，而在大赛的一周内，新增加了 3 500 名粉丝。大部分粉丝位于阿联酋境内，紧随其后的是印度和印度尼西亚。就粉丝而言，Facebook 是表现最好的平台。在赛事开始前、赛事期间和赛事结束后，Facebook 也有最高的活跃度和最多的粉丝。在大赛的一周内，共有 352 846 个用户访问 2017 年阿布扎比世界技能大赛 Facebook 页面，在大赛当月 Facebook 上有 1 620 个新点赞。2017 年阿布扎比世界技能大赛官方在大赛当月（10 月 1 日至 10 月 20 日）发布了 155 个新帖子。据估计，在赛事当月内，共通过 Faccbook 被浏览 5 824 661 次。

Twitter

大赛期间，Twitter 被证明是一个强大的即时通信平台，在关键人员和政府机构中表现尤为突出。2017 年阿布扎比世界技能大赛官方在 Twitter 上共有 6 318 名粉丝，在大赛的一周内，增加了 1 300 名粉丝。"#WS_AbuDhabi" 话题标签在全球获得了超过 6 300 万的浏览量。关于 2017 年阿布扎比世界技能大赛的 Twitter 帖子共被独立账户浏览 1 440 000 次，参与人数 14 860 人。总的来说，赛事期间共有 4 394 条提到世界技能大赛的 Twitter 个人推文。

Instagram

Instagram 是增长最快的社交媒体平台之一。2017 年阿布扎比世界技能大赛官方在 Instagram 上拥有 6 449 名粉丝，由于有源源不断的迷人视频和生动字幕，在大赛的一周内，Instagram 的粉丝数量增加了 3 100 人。社交媒体团队在 Instagram 上发布了 198 个帖子，在赛事期间赢得了 21 278 个热度。需要注意的是，大部分粉丝都位于阿布扎比，其次是迪拜，然后是沙迦。粉丝大多是 18～34 岁的女性。

Instagram
粉丝 6 449
访问量 342 988
浏览量 437 481
互动 21 278

Facebook
粉丝 15 898
访问量 1 996 620
互动 123 508

Twitter
粉丝 6 300
浏览量 1 440 000
互动 14 860
提及 4 100

Snapchat
访问量 1 481 180
浏览量 9 320 520
分享率 4.08%

Snapchat

2017年阿布扎比世界技能大赛的目标受众也是Snapchat的狂热用户。这届大赛的一个重点是确保Snapchat在向更广泛的观众传播职业技能信息方面发挥作用。大赛期间共有1 418 180人使用Snapchat,浏览9 320 520次。一个定制的Snapchat"国家地理滤镜"在大赛期间连续播放了三天,被观看次数最多。我们发现Snapchat非常受欢迎,这个平台完全符合世界技能大赛目标受众。建议未来的东道国保持Snapchat的社交媒体优势,来接触年轻目标受众。

总的来说,2017年阿布扎比世界技能大赛的社交媒体活动记录了大赛的方方面面,并取得了重大成功。它有助于吸引粉丝,提高人们对职业技能运动的认识,并加强对更大目标受众的影响力,从而扩大第44届世界技能大赛的影响。

观众体验

观众体验是2017年阿布扎比世界技能大赛最重要的部分之一,为年轻人提供机会尝试技能、发现自身的兴趣点以及禀赋。

观众体验的目的是提高学生、家长、教师、政府和企业家对职业教育的兴趣。观众体验团队使用互动元素,促进对大赛竞赛项目的理解,并提高目标观众(14~17岁的学生)在选择职业的过程中的技能意识。

观众体验的活动包括:

- 观赛——这给观众提供了观看参赛选手在51场比赛中在其所选择的技能项目中做到最好的机会。

- "尝试(Try it)"——这些活动旨在通过实践体验来激励观众,并为观众提供独特的机会,让他们在六大主要技能领域接触不同的职业技能。观众有机会自己尝试,通过娱乐和信息化的活动"尝试"各种技能,接触各种行业的基本技能。

- "探索(Discover it)"——我们邀请观众参加由2017年阿布扎比世界技能大赛的本地合作伙伴举行的室外学习实验室课程。在30分钟内,学生们有机会参与到有趣的、

互动的挑战中，体验令人难忘的学习过程。

- 未来技能——通过示范比赛，让观众接触到未来阿联酋和全球经济的核心技能：
  - 无人机制作和飞行；
  - 云计算；
  - 网络安全；
  - 水处理技术。
- 初级技能——我们提供机会，让指定国家的年轻观众（14～16岁）参加三个迷你版本的世界技能大赛，展示他们在平面设计技术、电气装置和移动机器人方面的技能。
- 展示—— 展示区被设计成现场演示区域，包括阿联酋传统技能的演示为观众带来惊喜和灵感。观众被邀请体验这些传统技能，让他们看到阿联酋的过去。展示区还包括哈里法大学的未来无人机展览、国际烹饪艺术中心（ICCA）的烹饪技术展览，以及与欧特克（Autodesk）合作的亚斯码头环形赛道。
- 职业咨询——可以在比赛场地内的两个专门区域内找到专业职业顾问，观众可以从技能性职业、学徒制和课程方面获得面对面的建议，并且能够在线制作专业的简历。

总共有26个"尝试"区、4个职业咨询区、5个"探索"区、5个展示区、5个建议墙／艺术壁画、5个冷饮区和5个咨询台。

2017年阿布扎比世界技能大赛观众体验团队对观众体验进行了调查，并整理了4个现场比赛日的3 160条回复。共有1 774条（56%）来自国际观众，512条（16%）来自阿联酋国际居民，874条（28%）来自阿联酋公民。

调查显示：

- 78%（2 470名）的受访者表示观众体验"非常好"，几乎所有（20%，644名）其他受访者表示观众体验"还不错"。只有2%（46名）的受访者表示观众体验"糟糕"。
- 最受欢迎的活动是观赛（53%），之后是"探索"（14%）、"尝试"和展示（均是13%）和职业咨询（7%）。

- 92% 的受访者表示，通过此次活动，他们获得了更多关于职业技术教育培训的知识。61% 的阿联酋学生表示，由于 2017 年阿布扎比世界技能大赛，他们愿意加入职业技术教育培训学校体系。77% 的受访者表示，在观看本届大赛后，他们更有可能从事技能性职业。

网站和数字团队

让 2017 年阿布扎比世界技能大赛非常生动地呈现在非现场观众的眼中的是数字团队。数字团队意识到数字频道可以传播到世界各地，提高人们对世界技能大赛组织的认识，让他们参与、受到启发和激励，因此该团队被赋予为全球观众提供高质量的、吸引眼球的内容的使命，包括：

- "技能连接我们"——每月一期，讲述 10 个通过职业技能改变生活的年轻男女阿联酋人的故事。该系列包括长篇文章、图像和视频。

- "我们的参赛选手"——记录阿联酋和国际选手们在参加 2017 年阿布扎比世界技能大赛之前的故事的视频。

- 一种全新的网络体验，其运行和功能类似于浏览器上的应用程序，提供关于大赛的所有最新信息。这是 2017 年阿布扎比世界技能大赛期间观众需要的所有东西的"一站式商店"，包括阿布扎比国家展览中心的数字地图和实时通知。

- 世界技能大赛 YouTube 频道——聚焦案例研究、新闻快讯、创意视频和社交媒体。

- 整个赛事期间拍摄的 2 万张照片。

- 上传到网站和 Facebook 上的开幕式和闭幕式典礼的在线视频。

- "技能（skill it）"——一个面向 IOS 或 Android 系统的可下载的应用程序，它鼓励用户在游戏中自己创业，在交互式地图上找到他们喜欢的活动，并在完成这些活动后扫描二维码以收集技能硬币。拥有最多技能硬币者赢得奖励。

- 在大赛的前三个月，111架阿提哈德飞机上的300万乘客观看了一部特别制作的关于2017年阿布扎比世界技能大赛的动画片。

其中积极的一面是，在赛事期间，2017年阿布扎比世界技能大赛官网的浏览量接近100万，证明了先进的网络方法使得内容更容易管理，这是因为这种网络方法只有一个来源。直播效果也很好，开、闭幕式的总浏览量是645 706次，尽管确保它在人们最有可能看到的地方直播是很重要的，例如在Facebook上。社交媒体的浏览量超过65万次，拍摄的2万张照片被浏览了620万次。

为2017年阿布扎比世界技能大赛官网开发的一份互动地图获得了网站总流量的1%，但是如果更早开发和有更好的设计，流量占比可能会更多。同时，对摘要视频——比赛中最好的视频片段，以引人入胜的方式讲述故事——的判断应该有所保留，因为现在判断还为时过早。

除开幕式和闭幕式的视频，总共有关于本届赛事的85段视频被上传到世界技能大赛YouTube频道，被观看了128 338次，并在世界技能大赛专用Facebook页面上被观看532 945次。"技能"应用程序有超过1 000次下载，该应用程序的平均使用时间超过12分钟。

虽然可以增加数字内容通过社交媒体对大赛进行更好的宣传，但即使如此，原片仍被广泛使用，被收录在赛事的官方媒体合作伙伴《国民报》、阿提哈德航空公司机上杂志以及其他新闻媒体和渠道。

虽然"技能"应用程序运行良好、质量很高，并提供了哪些人喜欢这个赛事的哪些方面的数据，但由于样本量小，因此无法产生真正有用的对其性能的统计分析。这个应用程序之所以受到欢迎，有时候又令人失望，可能是因为学校不允许学生携带手机，在场地周围进行团体（而不是个人）活动，以及不确定的价值主张。然而，该游戏方式值得在未来进一步探索和开发，在推广和改进功能的同时，可以考虑实时定位和路线元素。

指定的电视机构内有更多的编辑经验将会使新闻报道变得有趣，并允许他们完整地讲述一个故事，而不仅仅是浅尝辄止。为此我们尝试了各种方法，但视频镜头的数量又带来了困难。至于摄影，我们建议大家核查他们对每个参赛选手每日拍摄的照片。每天为每个参赛选手拍照是一项重要的后勤工作，这些资源可以更好地应用到其他地方。

总的来说，网站的规模、速度和实时性以及活动的不同环节起到了"新闻看点"的作用，起到了积极的、影响深远的口碑营销工具的作用，有助于最大限度地宣传世界技能大赛。

2017年阿布扎比世界技能大赛的组织

2017年世界技能大赛的申办是由阿布扎比职业技术教育和培训中心及世界技能组织的成员——阿联酋技能组织准备的。2013年在莱比锡举行的世界技能组织全体成员大会上，阿布扎比获得了第44届世界技能比赛的举办权。

2014年6月，2011年伦敦世界技能大赛首席执行官艾登·琼斯被任命为2017年阿布扎比世界技能大赛执行董事。在已经完成的工作的基础上，我们开始认真制定目标和关键绩效指标（KPI），全面规划项目，制定详细的"逐行"预算，并制定全面的人员招聘计划。

目标和关键绩效指标（KPI）

在项目的早期阶段，我们的工作是确定阿联酋希望通过主办2017年阿布扎比世界技能大赛所要达到的目标，这被概括为一系列的目标。

领域	目标
教育	提高国民对职业技术教育培训的认可度，以增加阿联酋人对职业技术教育培训参与度
知识经济和创新	根据阿布扎比政府的政策，特别是《阿联酋2021年愿景》和《阿布扎比2030经济愿景》，促进阿联酋的经济多样化和创新
职业技术教育培训区域领导	推动和进一步强化阿联酋作为促进职业技术教育培训的区域领导角色
国际活动	向全世界展示阿布扎比举办大型、复杂国际活动的能力
首选目的地	宣传、展示并将阿布扎比定位为优秀的、全球认可的商业和旅游目的地
世界技能组织	发展世界技能大赛和其他行动方案，从而来强化世界技能组织、其成员以及未来赛事主办方的愿景

2017年阿布扎比世界技能大赛的组织

评估2017年阿布扎比世界技能大赛成功与否的方法之一是设定一些"高级"关键绩效指标（KPI），并注意确保这些指标是可理解的、有意义的和可衡量的。

我们为2017年阿布扎比世界技能大赛设定的KPI指标以及实际结果如下所示：

关键绩效指标（KPI）	2017年阿布扎比世界技能大赛目标	2017年阿布扎比世界技能大赛实际结果
KPI 1：参赛选手人数	1 100人	1 254人
KPI 2：参赛的世界技能组织成员数量	58个	59个
KPI 3：观众人数	100 000人	超过150 000人
KPI 4：志愿者人数	1 000人	1 043人
KPI 5：获得的赞助（以赞助额占净收入的比例表示）	40%	42%
KPI 6："尝试技能"机会（占全部比赛项目的比例）[1]	75%	71%
KPI 7：重大健康和安全事件或事故的数量	0	0
KPI 8：阿联酋人在2017年阿布扎比世界技能大赛项目团队中占的比例[2]	50%	30%
KPI 9：有大型国际赛事高等级知识和经验的阿联酋人数量[3]	5人	6人

注：[1] "尝试技能"机会数量包括"尝试""展示"和"发现"的数量。

[2] 被阿布扎比职业技术教育和培训中心聘用的工作人员以及借调工作人员占的比例。

[3] 在阿布扎比职业技术教育和培训中心以及阿联酋技能组织中有大型国际赛事高等级知识和经验的阿联酋人的数量。

对于任何重大赛事，更遑论2017年阿布扎比世界技能大赛这样规模和全球性的赛事，细致的规划和成功的执行是必不可少的。实现这一目标意味着要有一个完整的、团结的项目实施团队，要有强有力的内部沟通，要有详细的涉及所有团队成员的计划和风险管理流程，以及一个强有力的团队结构，以提供成功所需的一切。

2017年阿布扎比世界技能大赛项目的主要阶段如下所示：

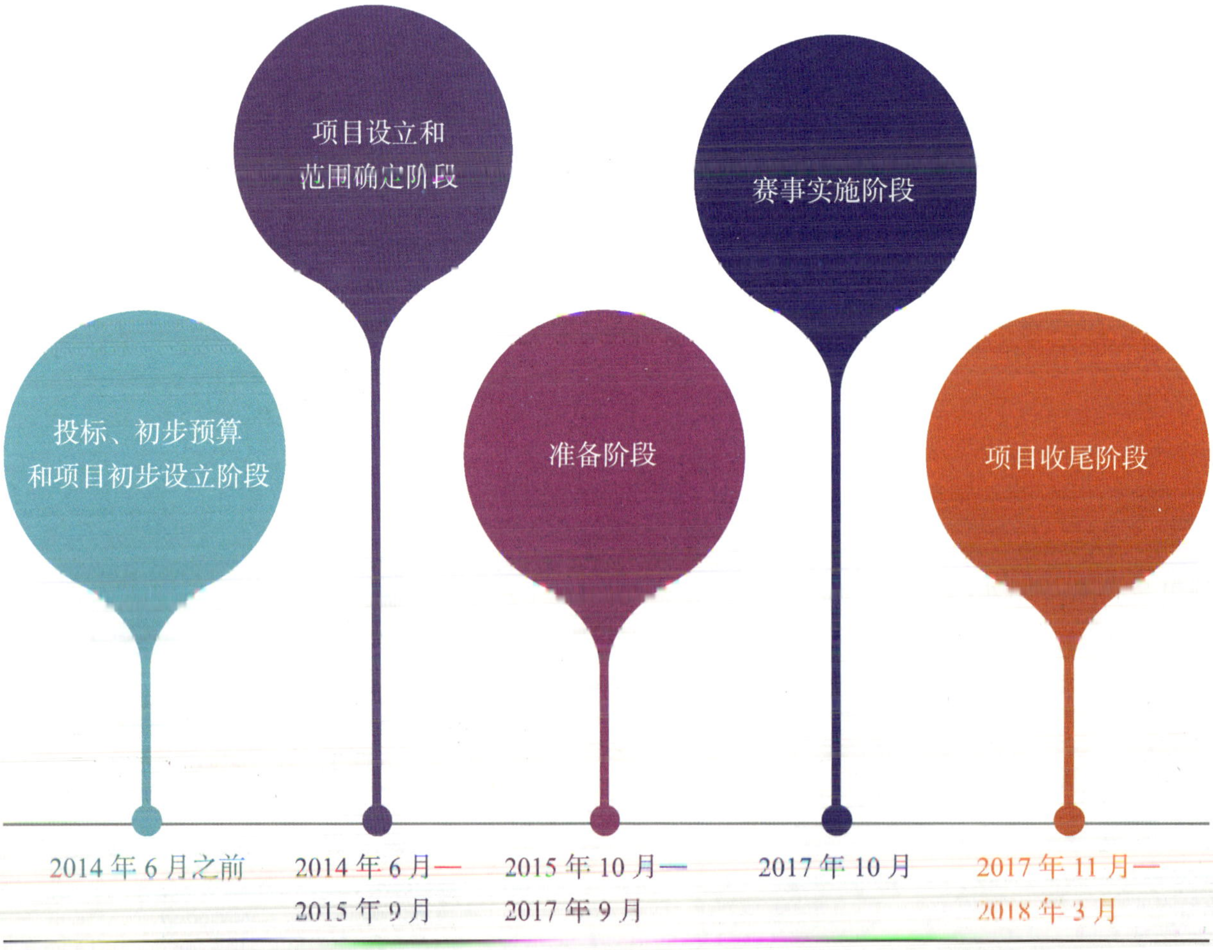

投标、初步预算和项目初步设立阶段	项目设立和范围确定阶段	准备阶段	赛事实施阶段	项目收尾阶段
2014年6月之前	2014年6月—2015年9月	2015年10月—2017年9月	2017年10月	2017年11月—2018年3月

项目初步设立和范围确定阶段的任务主要由执行董事和各部门负责人共同承担。其中第一个步骤是生成项目的所有不同要素的列表,并将它们分配给各部门。结果如下:

部门	项目要素
首席执行官/执行董事办公室 全面领导和管理2017年阿布扎比世界技能大赛的筹备、规划和实施工作,包括商业规划、预算和融资、利益相关者和合作伙伴、赞助、营销、传媒、公关和人力资源(工作人员和志愿者)	• 作为与阿布扎比职业技术教育和培训中心总干事、2017年阿布扎比世界技能大赛高级组织委员会和执行委员会、世界技能组织秘书处和其他主要利益相关者(阿布扎比会议展览局、阿布扎比国家展览中心等)的主要联络人 • 全面领导2017年阿布扎比世界技能大赛,参加诸如2015年大赛准备周、2015年圣保罗世界技能大赛、2016年世界技能组织全体成员大会等重要活动 • 负责对外代表2017年阿布扎比世界技能大赛,向本地和国际受众(包括世界技能组织成员)传达其愿景和使命,并成为2017年阿布扎比世界技能大赛媒体和新闻事务的"公众形象窗口" • 领导2017年阿布扎比世界技能大赛团队(工作人员和志愿者)
运营(教育) 策划、准备和成功实施2017年阿布扎比世界技能大赛的所有客户体验方面工作,包括教育项目、典礼、注册、住宿和餐饮	• 在2017年阿布扎比世界技能大赛开始前、期间和比赛现场的所有咨询(信息台) • 2017年大赛准备周和其他准备活动 • 代表团套餐 • 注册、认证和票务 • 交通 • 住宿餐饮 • 旅行 • 翻译 • 开幕式和闭幕式(包括在线直播) • 欢迎和告别活动及其他接待活动 • 教育项目——包括大赛期间的会议、"一校一队"项目和职业咨询 • 协议和贵宾 • 志愿者 • 媒体中心 • 媒体注册

部门	项目要素

技术（采购）
 	
策划、准备和落实成功举办 2017 年阿布扎比世界技能大赛所需的一切，包括场地、后勤、设备、材料和现场布置
	• 赛事现场管理，包括临时建筑
	• 设计、规划、搭建和拆除比赛区域和所有其他区域设施
	• 观众体验设置（技能体验、大使亭等）
	• 服务（电、水和垃圾、天然气、空调、抽气等）
	• 现场沟通
	• 场馆指示牌和媒体点
	• "基础设施清单"的采购和供应链
	• 资产处理
	• 采购招标
	• 后勤包括：
	  ○ 工具箱运输、存储和分配
	  ○ "基础设施清单"设备和材料的运输、分配和安装
	  ○ 比赛和活动 IT 网络
	  ○ 视听设备和翻译设备
	  ○ 健康、安全和安保
	  ○ 场地经理的招聘和管理

赞助 与各公司和组织建立商业伙伴关系，以实现现金赞助和实物赞助的赞助目标	• 2017 年阿布扎比世界技能大赛赞助商权益框架 • 接触和签下赞助商 • 拟定正式赞助商合同 • 赞助商管理，包括权益的分配 • 2017 年阿布扎比世界技能大赛前、期间和之后的赞助商活动 • 展览主题和参展商

部门	项目要素

市场营销、传媒和公关
 	
通过发展、管理和在本地、本国、区域和国际层面开展有针对性的传媒和公关活动,来推广 2017 年阿布扎比世界技能大赛,与合作伙伴、公众和其他利益相关者建立强有力的联系
	- 本地、本国、区域和国际传媒和公关活动,其中包括:
	  ○ 2017 年阿布扎比世界技能大赛前和期间在阿布扎比和阿联酋进行的推广和宣传
	  ○ 内部和区域性新闻媒体
	  ○ 主题和信息传递
	  ○ 数字传媒
	  ○ 危机沟通
	  ○ 社交媒体
	  ○ 演讲、展示和官方交流
	  ○ 视听内容
	- 与世界技能组织成员、关键合作伙伴和利益相关者、阿布扎比职业技术教育和培训中心工作人员等进行内外部沟通
	- 维持与非商业合作伙伴的关系
	- 视觉识别
	- 网站
	- 最终报告
	- 品牌架构
	- 间接营销手段(包括 2017 年阿布扎比世界技能大赛的所有手册)
	- 推广活动和路演
	- 市场研究、定位和调研
	- 2017 年阿布扎比世界技能大赛相关活动的开发
	- 2017 年阿布扎比世界技能大赛观众体验
	- 广告
	- 纪念册和 DVD(或其他同等物品)
	- 奖牌
	- 指示牌
	- 赛事视频和摄影服务

财务行政 确保 2017 年阿布扎比世界技能大赛的所有财务和行政方面都以最高标准进行有效管理	- 制定并监管 2017 年阿布扎比世界技能大赛预算 - 管理账目,包括预期收支 - 采购订单和合同 - 法务和保险 - 人力资源管理、与阿布扎比职业技术教育和培训中心的人事联系 - 办公室管理和维护 - 翻译服务 - 权限矩阵 - 2017 年阿布扎比世界技能大赛政策和程序

部门	项目要素

项目管理
 	
与首席执行官、执行董事和管理团队密切联络，准备和实施项目、风险管理和赛事实施计划，这些计划是2017年阿布扎比世界技能大赛取得成功所必需的
	- 制定并监督项目计划：
	  ○ 在项目设立和范围确定阶段
	  ○ 在准备阶段
	  ○ 在赛事实施阶段
	  ○ 其他小型活动，如2017年大赛准备周
	- 对照计划来汇报进度
	- 风险管理
	- 跨团队协调

在招募了一些负责特定工作领域的工作人员，并且在2016年初任命了一名全职项目经理之后，项目计划就制定得更详细了。此外，还制作了报告模板、风险和问题登记表。

在2015年8月，2017年阿布扎比世界技能大赛项目团队派出一个代表团参加了2015年圣保罗世界技能大赛，深入观察和体验这项赛事。其中一个主要目标是吸取与2017年世界技能大赛的规划和实施有关的经验教训。代表团从圣保罗返回阿布扎比后，2017年阿布扎比世界技能大赛项目规划进一步推进，包括添加更多细节、进行一些改进。

此外，在筹备阶段对项目进行了大量重要补充，例如增加了国际职业技术教育和培训青年论坛。为了适应这些调整，在项目的早期阶段建立并商定一个变更管理程序是有帮助的。

一旦制定了项目计划，就必须通过建立监测、审查和报告进度的机制来进行管理。为此，项目经理监督制定了一些重要方法，其中包括：

- 项目经理每月与各个团队举行会议，审查和更新项目计划以及问题和风险登记表。
- 每周举行项目协调会议，跟踪和评估与计划相符的进展情况，并分享关于即将开展的活动的信息。这些会议被证明是协调和分享整个项目团队信息的一种非常有效的方式。
- 从2017年4月起，我们邀请与比赛场地现场岗位相关的小组成员参加每周的赛事管理会议。这些会议用来分享信息、跟踪和跟进行动方案、讨论并解决赛事实施计划和任务相关的问题。
- 在与阿布扎比职业技术教育和培训中心、阿联酋技能组织、世界技能组织和2017年阿布扎比世界技能大赛项目团队的同事协商之后，我们在2017年8月对赛事实施阶段和赛事传播的进展进行了详细规划。我们认识到，最好早点完成这项工作，以便在更早的阶段将成果与更广泛的团队共享。

如果相关团队成员能够更稳定地、更规律地出席会议，那么项目协调和赛事管理会议可能发挥的作用更大。此外，更广泛地分享会议纪要、审查和采取后续行动，也会提高会议有效性。

在项目各个阶段，有关报告方法的要求也在发生变化，这使得很难以一致的格式提供进度更新报告。但最终项目经理开发了一套全面的项目报告，使得有可能在所有阶段，无论是从总体上还是从特定团队和职能的角度，都可以对比计划确定我们所处的实际进度位置。

2017年阿布扎比世界技能大赛项目团队

组建2017年阿布扎比世界技能大赛项目团队参考了往届世界技能大赛的优秀做法,即聘请有规划、筹备、举办世界技能大赛和其他大型国际赛事直接经验的专家,每个部门的工作人员人数列于下表(包括与2011年伦敦世界技能大赛和2013年莱比锡世界技能大赛的比较)。

单位:个

团队	2011年伦敦世界技能大赛(人)	2013年莱比锡世界技能大赛(人)	2017年阿布扎比世界技能大赛(人)
首席执行官办公室	6	4	5
运营(教育)	23(3)	29(4)	35(5)
技术(采购)	26(9)	21(6)	25(7)
赞助和市场营销	18	17	13
赞助和市场营销	7	4	9
传媒和公关	8	5	5
总计	88	80	92

2017年阿布扎比世界技能大赛

项目团队工作人员
来自27个不同国家和地区

鉴于阿联酋的外籍人数远多于阿联酋国民人数，预计项目团队的国际化程度将远远高于其他世界技能大赛。团队工作人员总共来自27个不同国家和地区，其中阿联酋人数最多，详见下表。

人数	国家/地区
4人	澳大利亚
1人	奥地利
1人	孟加拉国
4人	加拿大
1人	科摩罗
1人	捷克共和国
3人	埃及
1人	芬兰
2人	法国
6人	德国
11人	印度
5人	约旦
3人	黎巴嫩
2人	新西兰
1人	巴基斯坦
3人	菲律宾
2人	波兰
2人	葡萄牙
1人	俄罗斯
1人	塞尔维亚
1人	西班牙
1人	瑞士
1人	叙利亚
1人	突尼斯
17人	阿拉伯联合酋长国
15人	英国
1人	也门
合计92人	

招聘策略的重点是优秀、能力建设和阿联酋化（招聘阿联酋公民）。2017年阿布扎比世界技能大赛项目团队不仅要组织完成这项复杂的赛事，也必须尽可能地将其知识和经验转移、传授给阿布扎比职业技术教育和培训中心和阿联酋技能组织。

由于在2017年阿布扎比世界技能大赛项目团队中专业岗位的门槛较高，因此许多岗位很难招到具有相应经验和技能的阿联酋人。此外，岗位的临时性降低了其吸引力。尽管如此，在2017年阿布扎比世界技能大赛项目团队中，仍有30%的来自阿布扎比职业技术教育和培训中心的工作人员以及借调的工作人员是阿联酋人。

知识和经验不仅转移给2017年阿布扎比世界技能大赛团队内的阿联酋人，也转移给阿布扎比职业技术教育和培训中心、阿联酋技能组织，以及诸如应用技术研究所 (IAT)、阿布扎比职业教育和培训协会 (ADVETI)、职业教育和培训中心 (VEDC) 等密切相关的组织中的阿联酋人，他们与2017年阿布扎比世界技能大赛项目团队互动，学习经验。

在整个项目持续的五年时间内，根据工作人员总数和合同时间，总共有23 279个工作日，分布如下：

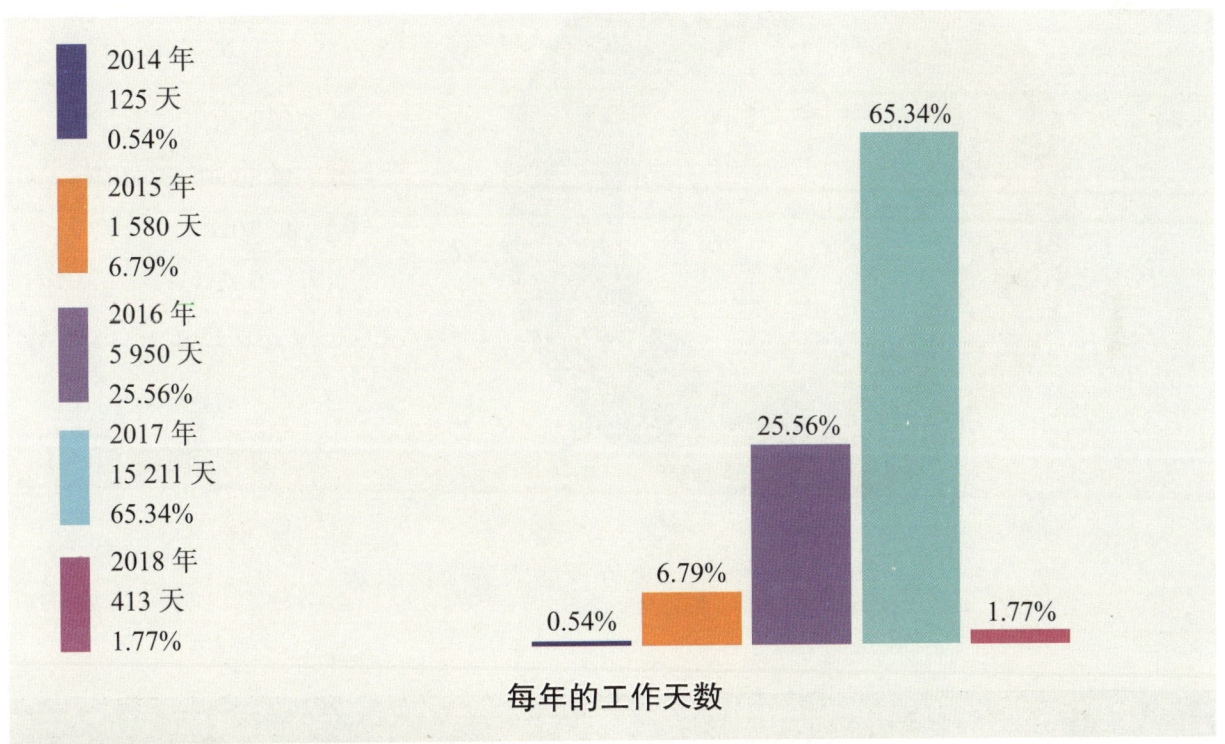

每年的工作天数

大多数工作人员都与阿布扎比职业技术教育和培训中心签订了全职固定期限合同。在项目的后期阶段，我们决定通过两个中介机构招募团队的大部分其他人员，因为这样做要快得多，也简单得多。

许多著名的阿联酋机构也将他们的工作人员借调给2017年阿布扎比世界技能大赛项目团队。这不仅降低了大赛的成本，也为借调人员提供了珍贵的学习机会。

阿布扎比职业技术教育和培训中心为2017年阿布扎比世界技能大赛雇用的工作人员数量、招聘机构招聘的工作人员数量以及从其他组织借调的工作人员数量如下图所示：

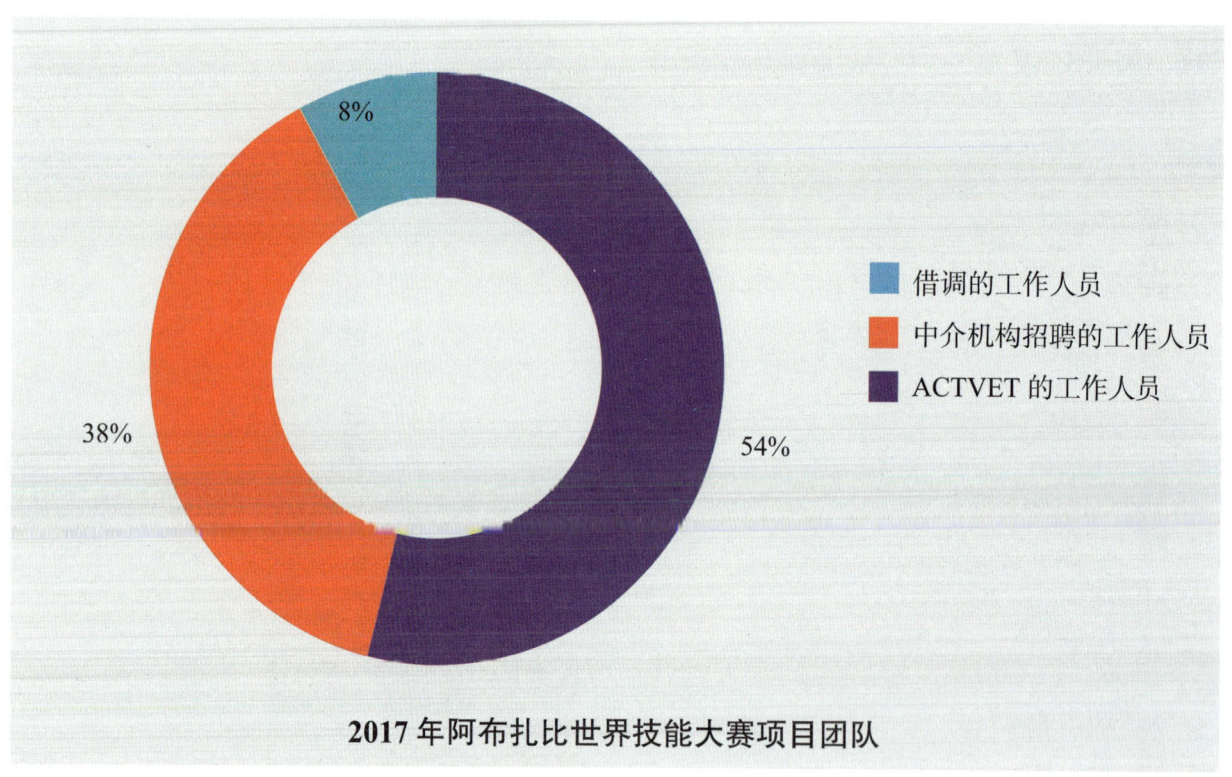

2017年阿布扎比世界技能大赛项目团队

	人数	比例
ACTVET的工作人员	50	54%
中介机构招聘的工作人员	36	38%
借调的工作人员	7	8%
合计	92	100%

92名工作人员中，53名为女性（占比58%），39名为男性（占比42%）。

附录

1. 比赛成绩　　　　　　　　　　　　　　　　　　　　　　　　105

2. 2017年阿布扎比世界技能大赛场地地图　　　　　　　　　　117

3. 2017年关于技能和职业技术教育培训的未来的青年宣言　　　119

4. 2017年阿布扎比世界技能大赛项目团队　　　　　　　　　　131

5. 国际组织缩写表　　　　　　　　　　　　　　　　　　　　133

比赛成绩

各竞赛项目成绩

01 综合机械与自动化			
姓名	成员	得分	奖牌
Bruno Gruner	巴西	724	金牌
Marco Michel	瑞士	720	银牌
Peiqiang Tang	中国	718	银牌

02 信息网络布线			
姓名	成员	得分	奖牌
Jiawei Liang	中国	729	金牌
Yoshiaki Shimizu	日本	727	金牌
JAEYOUNG BAEK	韩国	722	铜牌
Kai Hao Andrew Tan	新加坡	721	铜牌

03 制造团队挑战赛			
姓名	成员	得分	奖牌
Yuhei Ueno / Taku Mogami / Tomohiro Aso	日本	722	金牌
Willon Santos / Thiago Lima / Mateus Gomes	巴西	720	金牌
Peitong Liu / Yunan Gao / Zhiyuan Zhan	中国	718	铜牌
SURAK KIM / DOHUN KWAK / SANGMIN LEE	韩国	717	铜牌

04 机电一体化			
姓名	成员	得分	奖牌
Gustavo Andreola / Lucas Tochetto	巴西	734	金牌
Yizhen Deng / Zijin Ye	中国	734	金牌
Shoma Okano / Kenta Sato	日本	733	金牌
Cédric Achermann / Fabien Gyger	瑞士	732	金牌
Avery Bird / Theodor Willert	加拿大	730	铜牌
CHIA-CHEN TSAI / YU-CHENG CHIAO	中国台北	730	铜牌

05 CAD 机械设计			
姓名	成员	得分	奖牌
JAEEUN SEO	韩国	768	金牌
Kévin Nascimento	巴西	738	银牌
Qijia Chen	中国	738	银牌

06 数控车			
姓名	成员	得分	奖牌
Mateus Moriel	巴西	748	金牌
Zhimin Chen	中国	744	银牌
GUMIN HEO	韩国	737	铜牌

07 数控铣			
姓名	成员	得分	奖牌
Denghui Yang	中国	743	金牌
Mitsuaki Kemmochi	日本	734	银牌
JEONGJUN YOON	韩国	732	银牌

08 建筑石雕			
姓名	成员	得分	奖牌
Pablo Paulo	巴西	745	金牌
Archie Stoke-Faiers	英国	739	银牌
Joseph COURTIN	法国	713	铜牌
Rafael Iakhin	俄罗斯	713	铜牌
SANGMIN LEE	韩国	712	铜牌

09 商务软件解决方案			
姓名	成员	得分	奖牌
Anna Derbeneva	俄罗斯	731	金牌
Manuel Allenspach	瑞士	730	金牌
Jonas Wanke	德国	726	铜牌
Run Du	中国	724	铜牌
Tran Nguyen Ba Phuoc	越南	724	铜牌

10 焊接			
姓名	成员	得分	奖牌
Xianhai Ning	中国	737	金牌
YEONGJU PARK	韩国	733	银牌
Junya Kasagi	日本	731	银牌
JIAN-HONG LIN	中国台北	730	铜牌

11 印刷媒体技术			
姓名	成员	得分	奖牌
Murilo Silva	巴西	720	金牌
Jérémy KOOTZ	法国	718	金牌
Janine Bigler	瑞士	707	铜牌

12 瓷砖贴面			
姓名	成员	得分	奖牌
Zhaoju Cui	中国	736	金牌
Andreas Stiegler	奥地利	729	银牌
JEONGSEOP KIM	韩国	726	铜牌

13 车身修理			
姓名	成员	得分	奖牌
Shanwei Yang	中国	736	金牌
Heiko Zumbrunn	瑞士	731	银牌
Andrew Gault	英国	723	铜牌

14 飞机维修			
姓名	成员	得分	奖牌
Matias Korri	芬兰	733	金牌
Jarrod Wood	新西兰	732	金牌
YEONSEONG JEONG	韩国	728	铜牌

15 管道与制暖			
姓名	成员	得分	奖牌
Armin Taxer	奥地利	729	金牌
Marcel Wyss	瑞士	728	金牌
HYEONGWOOK KIM	韩国	721	铜牌
Björn Landin	瑞典	721	铜牌
Nima Hosseinpoursaloukolaei	伊朗	720	铜牌
Daniel Martins	英国	719	铜牌

16 电子技术			
姓名	成员	得分	奖牌
YU-CHIH TSAI	中国台北	735	金牌
Jannic Schären	瑞士	731	银牌
INBEOM SHIN	韩国	731	银牌
17 网站设计与开发			
姓名	成员	得分	奖牌
DONGWOOK HUH	韩国	731	金牌
Konstantin Larin	俄罗斯	731	金牌
Emil von Wattenwyl	瑞士	730	金牌
Hok Kin Fong	中国澳门	729	金牌
18 电气装置			
姓名	成员	得分	奖牌
Beat Schranz	瑞士	767	金牌
Hui Dong	中国	755	银牌
Hannes Innerbichler	意大利南蒂罗尔	750	铜牌
19 工业控制			
姓名	成员	得分	奖牌
Qiang Yuan	中国	730	金牌
Simon Furrer	瑞士	729	金牌
Lucas Santos	巴西	728	金牌
20 砌筑			
姓名	成员	得分	奖牌
Zhibin Liang	中国	734	金牌
Robert Gradl	奥地利	733	金牌
Trystan Sammut	澳大利亚	728	铜牌
21 抹灰与隔墙系统			
姓名	成员	得分	奖牌
Alexis GUIMONT	法国	726	金牌
Raffael Beck	列支敦士登公国	724	金牌
SUHYEON KIM	韩国	723	铜牌
22 油漆与装饰			
姓名	成员	得分	奖牌
Sebastian Gruber	奥地利	767	金牌
Sandra Lüthi	瑞士	744	银牌
Justine BOSSARD	法国	738	铜牌
23 移动机器人			
姓名	成员	得分	奖牌
MINHYEONG HWANG / JUHYUK HWANG	韩国	740	金牌
Pavel Fadeev / Andrei Diubanov	俄罗斯	731	银牌
Zaorong Liang / BINBIN YE	中国	728	铜牌
Shuji Kokune / Ryota Yamamoto	日本	728	铜牌
24 家具制作			
姓名	成员	得分	奖牌
CHIN-HAO CHENG	中国台北	730	金牌
Sven Bürki	瑞士	728	金牌
Fabio Serpa	巴西	726	铜牌
Angus Bruce-Gardner	英国	724	铜牌

25 精细木工

姓名	成员	得分	奖牌
Anthony CHATELAIN	法国	743	金牌
KYEOM JIN CHO	韩国	741	金牌
Fabio Holenstein	瑞士	732	铜牌
Rui Neto	巴西	730	铜牌

26 木工

姓名	成员	得分	奖牌
JAEYEON JANG	韩国	725	金牌
Florian Nock	瑞士	722	银牌
Moritz Mayr	意大利南蒂罗尔	722	银牌
Ryan Grieger	澳大利亚	720	银牌
Mario BEL	法国	720	银牌

27 珠宝加工

姓名	成员	得分	奖牌
Nikita Stepin	俄罗斯	736	金牌
Andrei Chiesa	巴西	732	银牌
JING-FANG LIN	中国台北	720	铜牌
Fan Hu	中国	718	铜牌
Jeanne-Marie GIVELET	法国	718	铜牌

28 花艺

姓名	成员	得分	奖牌
Shenhan Pan	中国	750	金牌
GUNHO LEE	韩国	725	银牌
Nolwenn PITTET	法国	724	银牌

29 美发

姓名	成员	得分	奖牌
Mathieu LEGER	法国	758	金牌
Taiju Koivula	芬兰	741	银牌
Egor Kostikov	俄罗斯	740	银牌

30 美容

姓名	成员	得分	奖牌
Kaiya Swain	英国	765	金牌
Yingying Liang	中国	730	银牌
CHAEYOUNG SHIN	韩国	728	银牌
Lily Campbell	澳大利亚	727	铜牌
Wai Yin Lau	中国香港	726	铜牌

31 时装技术

姓名	成员	得分	奖牌
Ping Hu	中国	749	金牌
Rhany Moreira	巴西	741	银牌
ZI-JIN LI	中国台北	737	铜牌

32 糖艺/西点制作

姓名	成员	得分	奖牌
Emeliina Papinniemi	芬兰	747	金牌
Magdalena Halbmayr	奥地利	743	银牌
Louis AGNELLET	法国	742	银牌
Mohit Dudeja	印度	741	银牌

33 汽车技术			
姓名	成员	得分	奖牌
MIN-HENG CHEN	中国台北	769	金牌
Wenhao Yang	中国	746	银牌
Yuya Shimohara	日本	743	铜牌
MUHAMMAD ASYRAFF YUSNI	马来西亚	742	铜牌
34 烹饪（西餐）			
姓名	成员	得分	奖牌
Thomas Tutzer	意大利南蒂罗尔	768	金牌
Natcha Saengow	泰国	745	银牌
Christian Jung Hoon Kleinert	丹麦	740	铜牌
LAI JIA YI	马来西亚	739	铜牌
Christoph Fürnschuss	奥地利	738	铜牌
35 餐厅服务			
姓名	成员	得分	奖牌
Tatjana Caviezel	瑞士	750	金牌
Andre Gilitasha	印度尼西亚	739	银牌
YONG-CHI YANG	中国台北	737	银牌
Monika Pöllabauer	奥地利	736	铜牌
36 汽车喷漆			
姓名	成员	得分	奖牌
Yingcheng Jiang	中国	753	金牌
Daryl Head	英国	742	银牌
Maurus von Holzen	瑞士	738	铜牌
Jonas Heinze	德国	738	铜牌
Enzo BARRAGATO	法国	736	铜牌
37 园艺			
姓名	成员	得分	奖牌
Toni Mittermair / Hannes Kofler	意大利南蒂罗尔	747	金牌
Benjamin Räber / Nils Bucher	瑞士	739	银牌
Erik Rüütel / Mairold Mänd	爱沙尼亚	736	铜牌
Shiyang Wang / Wei Sun	中国	734	铜牌
38 制冷与空调			
姓名	成员	得分	奖牌
SEUNGWOO CHAE	韩国	739	金牌
Vadim Poliakov	俄罗斯	737	金牌
Zhiqing Wu	中国	735	铜牌
39 网络系统管理			
姓名	成员	得分	奖牌
SUNGWON YUN	韩国	724	金牌
Leonid Shmakov	俄罗斯	723	金牌
Wei Xiao	中国	721	铜牌
Akos Varga	匈牙利	720	铜牌
Patrick Taibel	奥地利	719	铜牌
Ryoichi Satoyama	日本	719	铜牌
Kangli Li	新加坡	719	铜牌

40 平面设计技术			
姓名	成员	得分	奖牌
YU-ZHEN HUANG	中国台北	756	金牌
Yuezhi Fang	中国	752	银牌
Deborah Psenner	意大利南蒂罗尔	744	铜牌

41 健康与社会照护			
姓名	成员	得分	奖牌
Sofia Sundqvist	芬兰	726	金牌
Irina Tuor	瑞士	725	金牌
Fazira Zulkifli	新加坡	716	铜牌

42 建筑金属构造			
姓名	成员	得分	奖牌
SEONGYONG CHO	韩国	746	金牌
Franz Kalss	奥地利	725	银牌
Michael Ferraz	巴西	724	银牌

43 塑料模具工程			
姓名	成员	得分	奖牌
Zhibin Zhang	中国	727	金牌
NARAE KIM	韩国	720	银牌
Hayato Miyasaka	日本	717	铜牌

44 商品展示技术			
姓名	成员	得分	奖牌
Pien Hoveling	荷兰	744	金牌
Umar Nurshinov	俄罗斯	725	银牌
Catherine Abbott	英国	725	银牌

45 原型制作			
姓名	成员	得分	奖牌
Fengjie Huang	中国	749	金牌
Rizki Dwi Afrianto	印度尼西亚	722	银牌
HYUNWOOK JEONG	韩国	720	银牌
Kiran Kiran	印度	718	铜牌

46 混凝土建筑			
姓名	成员	得分	奖牌
Alexander Tury / David Wagner	奥地利	727	金牌
Medin Murati / Timo Schön	德国	720	银牌
Matheus Costa / Matheus Santos	巴西	710	铜牌

47 烘焙			
姓名	成员	得分	奖牌
Yezhao Cai	中国	730	金牌
Damien BESSON	法国	729	金牌
Ramona Bolliger	瑞士	728	金牌
CHI-WEI LI	中国台北	726	铜牌

48 工业机械			
姓名	成员	得分	奖牌
Biao Song	中国	779	金牌
Kennedy Yamashita	巴西	726	银牌
Bradley Ingham	澳大利亚	724	银牌

49 重型车辆维修			
姓名	成员	得分	奖牌
Adrian Krähenbühl	瑞士	748	金牌
Nikolai Larionov	俄罗斯	726	银牌
Søren Lykke Døssing	丹麦	723	铜牌
D1 3D 数字游戏技术			
姓名	成员	得分	奖牌
Ng Jun Xuan	新加坡	773	金牌
EUNHO KIM	韩国	747	银牌
Zonglin Zheng	中国	722	铜牌
D2 货运代理			
姓名	成员	得分	奖牌
Gleb Shmonin	俄罗斯	721	金牌
Wen Xin Olivia Low	新加坡	720	金牌
Sarah Ruckenstuhl	奥地利	680	铜牌

成员成绩

分数计算：金牌＝4，银牌＝3，铜牌＝2，优胜奖＝1。

排名	成员	总得分	参赛选手人数	金牌	银牌	铜牌	优胜奖
1	中国	109.00	47	15	7	8	12
2	韩国	88.00	42	8	8	8	16
3	瑞士	81.00	36	11	6	3	13
4	巴西	75.00	49	7	5	3	26
5	俄罗斯	59.00	51	6	4	1	21
6	中国台北	56.00	42	4	1	5	27
7	法国	52.00	33	5	3	4	15
8	奥地利	49.00	36	4	3	4	16
9	日本	43.00	40	3	2	4	17
10	英国	32.00	30	1	3	3	13
11	意大利南蒂罗尔	26.00	21	2	1	2	11
12	德国	24.00	37	0	1	2	17
12	芬兰	24.00	24	3	1	0	9
14	新加坡	22.00	19	2	0	3	8
15	澳大利亚	20.00	17	0	2	2	10
16	印度尼西亚	18.00	29	0	2	0	12
17	加拿大	15.00	28	0	0	1	13
17	泰国	15.00	24	0	1	0	12
19	印度	14.00	26	0	1	1	9
20	马来西亚	13.00	20	0	0	2	9
21	丹麦	12.00	15	0	0	2	8
22	匈牙利	11.00	19	0	0	1	9
22	荷兰	11.00	25	1	0	0	7
24	中国澳门	10.00	15	1	0	0	6
25	中国香港	9.00	20	0	0	1	7
25	新西兰	9.00	13	1	0	0	5

排名	成员	总得分	参赛选手人数	金牌	银牌	铜牌	优胜奖
25	瑞典	9.00	26	0	0	1	7
28	哥伦比亚	8.00	19	0	0	0	8
29	比利时	7.00	14	0	0	0	7
29	爱尔兰	7.00	14	0	0	0	7
29	伊朗	7.00	24	0	0	1	5
29	越南	7.00	11	0	0	1	5
33	列支敦士登公国	6.00	5	1	0	0	2
34	挪威	5.00	18	0	0	0	5
35	葡萄牙	4.00	15	0	0	0	4
35	美国	4.00	10	0	0	0	4
37	阿拉伯联合酋长国	3.00	29	0	0	0	3
37	爱沙尼亚	3.00	5	0	0	1	1
37	西班牙	3.00	23	0	0	0	3
37	拉脱维亚	3.00	8	0	0	0	3
41	摩洛哥	2.00	10	0	0	0	2
41	菲律宾	2.00	2	0	0	0	2
43	白俄罗斯	1.00	27	0	0	0	1
43	蒙古	1.00	6	0	0	0	1
43	罗马尼亚	1.00	2	0	0	0	1
43	南非	1.00	19	0	0	0	1
47	巴巴多斯	0.00	4	0	0	0	0
47	巴林王国	0.00	6	0	0	0	0
47	哥斯达黎加	0.00	3	0	0	0	0
47	格鲁吉亚	0.00	7	0	0	0	0
47	克罗地亚	0.00	2	0	0	0	0
47	科威特	0.00	2	0	0	0	0
47	哈萨克斯坦	0.00	23	0	0	0	0
47	纳米比亚	0.00	7	0	0	0	0
47	沙特阿拉伯	0.00	10	0	0	0	0
47	土耳其	0.00	3	0	0	0	0
47	赞比亚	0.00	16	0	0	0	0

各成员最佳选手

成员	选手姓名	竞赛项目序号	竞赛项目名称	得分	奖牌
奥地利	Sebastian Gruber	22	油漆与装饰	767	金牌
澳大利亚	Gaby Ware	29	美发	728	优胜奖
巴林王国	Maleeha Muzafar	17	网页设计与开发	660	—
巴巴多斯	Akeil Craig-Browne	33	汽车技术	662	—
白俄罗斯	NADZEYA KASHTELIAN	29	美发	700	优胜奖
比利时	Julien Neulens	25	精细木工	723	优胜奖
巴西	Mateus Moriel	6	数控车	748	金牌

成员	选手姓名	竞赛项目序号	竞赛项目名称	得分	奖牌
加拿大	Avery Bird	4	机电一体化	730	铜牌
加拿大	Theodor Willert	4	机电一体化	730	铜牌
中国	Denghui Yang	7	数控铣	743	金牌
哥伦比亚	Sergio Andres Suescun Sanabria	6	数控车	692	—
哥斯达黎加	David Sancho Rojas	24	家具制作	670	—
克罗地亚	Ivan Dumancic	9	商务软件解决方案	692	—
丹麦	Christian Jung Hoon Kleinert	34	烹饪（西餐）	740	铜牌
爱沙尼亚	Erik Rüütel	37	园艺	736	铜牌
爱沙尼亚	Mairold Mänd	37	园艺	736	铜牌
芬兰	Emeliina Papinniemi	32	糖艺/西点制作	747	金牌
法国	Kevin DEVOS	46	混凝土建筑	692	—
法国	Joris SAMPAYO	46	混凝土建筑	692	—
格鲁吉亚	Zurab Shavishvili	35	餐厅服务	610	—
德国	Jonas Heinze	36	汽车喷漆	738	铜牌
中国香港	Chun Yat Kong	4	机电一体化	728	优胜奖
中国香港	Tsz Kin So	4	机电一体化	728	优胜奖
匈牙利	Szabolcs Cseke	22	油漆与装饰	733	优胜奖
印度	Mohit Dudeja	32	糖艺/西点制作	741	银牌
印度尼西亚	Andre Gilitasha	35	餐厅服务	739	银牌
伊朗	Alireza Abdolkarimi	16	电子技术	720	优胜奖
爱尔兰	Kathlyn Leahy	35	餐厅服务	714	优胜奖
意大利南蒂罗尔	Thomas Tutzer	34	烹饪（西餐）	769	金牌
日本	Shoma Okano	4	机电一体化	733	金牌
日本	Kenta Sato	4	机电一体化	733	金牌
哈萨克斯坦	Smirnov Yevgeniy	21	抹灰与隔墙系统	692	—
韩国	JAEEUN SEO	5	CAD机械设计	768	金牌
科威特	Salman Alshammari	10	焊接	635	—
拉脱维亚	Katrina Elizabete Sile	40	平面设计技术	716	优胜奖
列支敦士登公国	Raffael Beck	21	抹灰与隔墙系统	724	金牌
中国澳门	Hok Kin Fong	17	网站设计与开发	729	金牌
马来西亚	MUHAMMAD ASYRAFF YUSNI	33	汽车技术	742	铜牌
蒙古	Janlav-Oidov Jadamba	10	焊接	700	优胜奖

成员	选手姓名	竞赛项目序号	竞赛项目名称	得分	奖牌
摩洛哥	MOHAMMED IIMINAT	23	移动机器人	696	—
摩洛哥	MAKRAM CHARHIL	23	移动机器人	696	—
纳米比亚	Kaute Kavezembua	34	烹饪（西餐）	685	—
荷兰	Pien Hoveling	44	商品展示技术	744	金牌
新西兰	Jarrod Wood	14	飞机维修	732	金牌
挪威	Gullbjøg Ekre	36	汽车喷漆	716	优胜奖
巴勒斯坦	Ameen Baker	22	油漆与装饰		—
菲律宾	Jalanie M. Dimacaling	17	网站设计与开发	716	优胜奖
葡萄牙	Admário Ferreira	33	汽车技术	714	优胜奖
罗马尼亚	Daniela Stircu	17	网站设计与开发	692	—
俄罗斯	Konstantin Larin	17	网站设计与开发	731	金牌
沙特阿拉伯	Hussain Kadhim	9	商务软件解决方案	693	—
新加坡	Ng Jun Xuan	D1	3D 数字游戏艺术	773	金牌
南非	Monique Dunn	34	烹饪（西餐）	699	
西班牙	Tomás RIVERA	29	美发	707	优胜奖
瑞典	Björn Landin	15	管道与制暖	721	铜牌
瑞士	Beat Schranz	18	电气装置	767	金牌
中国台北	MIN-HENG CHEN	33	汽车技术	769	金牌
泰国	Natcha Saengow	34	烹饪（西餐）	746	银牌
土耳其	Ayfer YAZICI	29	美发	443	—
阿拉伯联合酋长国	Ibrahim alraeesi	23	移动机器人	721	优胜奖
阿拉伯联合酋长国	Hamad AlRemeithi	23	移动机器人	721	优胜奖
英国	Kaiya Swain	30	美容	765	金牌
美国	Chandler Vincent	10	焊接	728	优胜奖
越南	Nguyen Van Tuan	5	CAD 机械设计	728	优胜奖
赞比亚	Chisanga CHOOMBE	2	信息网络布线	662	—

阿尔伯特·维达大奖候选人排名

选手姓名	成员	竞赛项目名称	得分	奖牌
Biao Song	中国	工业机械装调	779	金牌
Ng Jun Xuan	新加坡	3D 数字游戏艺术	773	金牌
MIN-HENG CHEN	中国台北	汽车技术	769	金牌
Thomas Tutzer	意大利南蒂罗尔	烹饪（西餐）	769	金牌
JAEEUN SEO	韩国	CAD 机械设计	768	金牌
Beat Schranz	瑞士	电气装置	767	金牌
Sebastian Gruber	奥地利	油漆与装饰	767	金牌
Kaiya Swain	英国	美容	765	金牌
Fengjie Huang	中国	原型制作	762	金牌
Mathieu LEGER	法国	美发	758	金牌
YU-ZHEN HUANG	中国台北	平面设计技术	756	金牌
Hui Dong	中国	电气装置	755	银牌
Yingcheng Jiang	中国	汽车喷漆	753	金牌
Yuezhi Fang	中国	平面设计技术	752	银牌
Hannes Innerbichler	意大利南蒂罗尔	电气装置	750	铜牌
Tatjana Caviezel	瑞士	餐厅服务	750	金牌
Shenhan Pan	中国	花艺	750	金牌
Ping Hu	中国	时装技术	749	金牌
Mateus Moriel	巴西	数控车	748	金牌
Adrian Krähenbühl	瑞士	重型车辆维修	748	金牌

2017年阿布扎比世界技能大赛场地地图

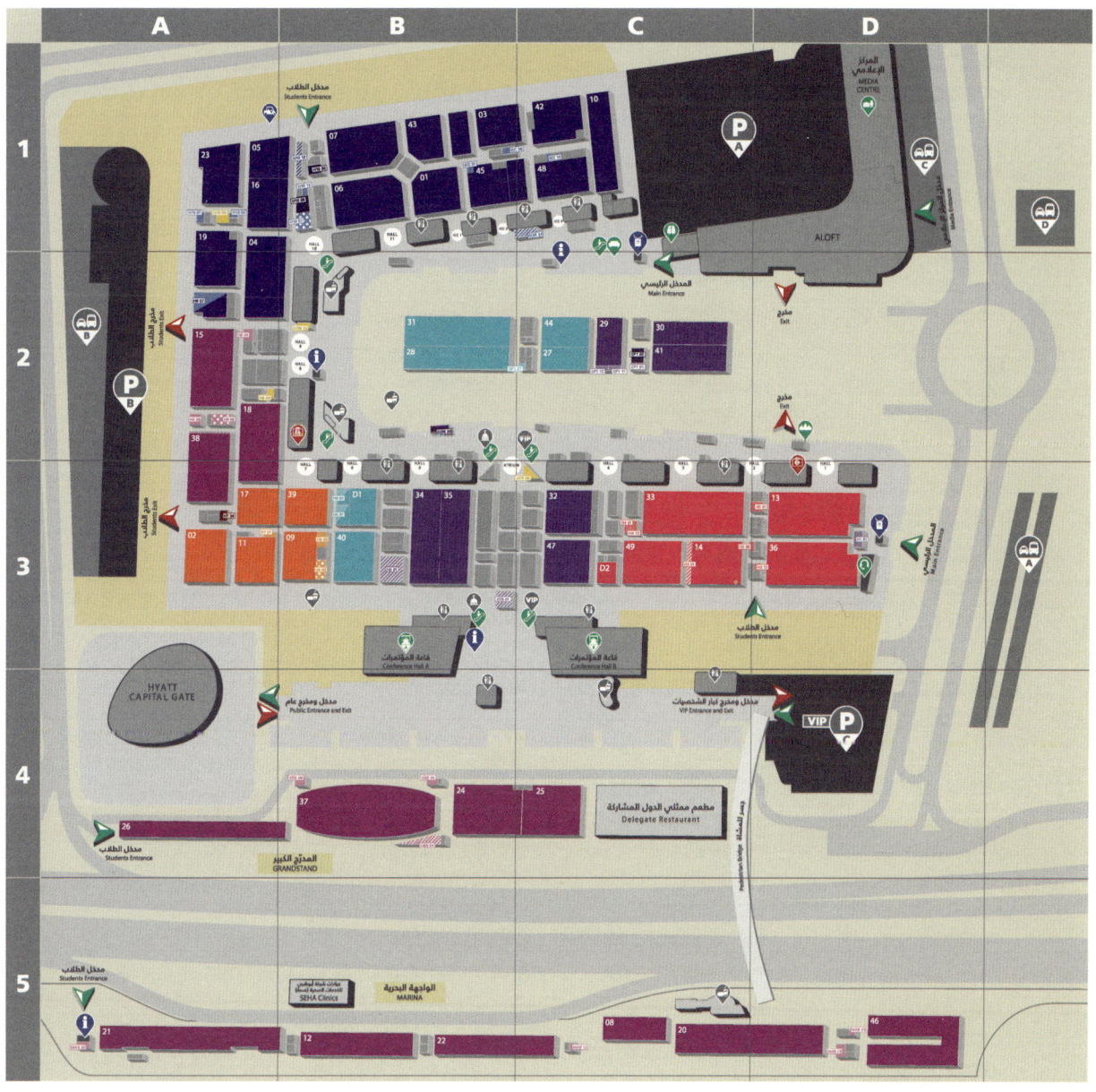

第 44 届世界技能大赛最终报告（中文版）

2017 年
关于技能和职业技术教育培训的未来的青年宣言

国际职业技术教育和培训青年论坛

第一届国际职业技术教育和培训青年论坛在 2017 年阿布扎比世界技能大赛期间于 10 月 14 日至 15 日举行。该活动是首次举办，是青年专业人士塑造技能未来的独特的机会。

与会者分成六个智库小组，共同撰写了一份《关于技能和职业技术教育培训的未来的青年宣言》，这是一份珍贵的遗产的起点，也是全球采取具体行动的契机。

关于技能和职业技术教育培训的未来的青年宣言

我们，来自62个国家的300名专业人士和学生，代表全世界青年，携手向同一目标前进：技能和职业技术教育培训的未来。2017年10月14日至15日，我们聚集在阿联酋阿布扎比参加首届国际职业技术教育和培训青年论坛，并起草以下声明：

本声明建立在2015年9月25日通过并由193个国家和地区签署的《联合国可持续发展2030年议程》的基础上；

认识到青年在支持和塑造所有17个可持续发展目标中必须发挥的关键作用；

强调技能在当今第四次工业革命时期的重要性；

应对当代青年和职业教育培训面临的挑战。

在过去的两个月里，我们交换了意见，并对围绕技能的未来和当前全球挑战的关键问题进行了反思。

国际职业技术教育和培训青年论坛为我们提供了塑造我们期望的未来的机会。在巩固了我们的会谈成果并规划了遗产之后，我们呈现我们合作的成果：第一个关于技能和职业技术教育培训的未来的青年宣言。

智库

 创新之思

 幸福与包容之思

 绿色之思

 全球公民意识之思

 工业 4.0 之思

 企业家精神之思

创新之思

第1条：技能教育和知识推动智慧城市的发展。

- 技能和技术需要共同发展，并与人类和社会互动携手共进。
- 创造性地运用技能可以支持可持续智慧城市的发展、建设和维护。
- 政府应在支持新技能发展方面发挥作用。
- 教育必须适应和适用于相关行业。

第2条：我们认为在工作准备和适应性之间应该保持平衡。

- 经验对于在实践技能和学术教育之间取得平衡至关重要。
- 通过机会和实战经验可以建立学生的自信和自我意识。
- 鼓励在职培训将确保获得现实生活中需要的技能。
- 各行业应与所需技能技术相匹配。

第3条：适应性、创造力和灵活性等技能将促进未来的创新。

- 我们应该拥抱技术的进步及其对改变工作场所做出的贡献。
- 我们深切关注人工智能的变革作用，这将极大地影响工作的开展方式。
- 我们建议在教育中保持灵活性，在软技能和学术技能之间建立平衡。
- 鼓励业界与教育机构合作，实现互利共赢。

幸福与包容之思

第 4 条：多元化和包容的教育体系是建设幸福和包容的社会的关键。

- 我们需要通过平等受教育的机会来促进性别平等和包容。
- 开发课程和教师培训是主流文化多元化的关键。
- 我们建议通过宣传榜样、增加资金和确保职业技术教育培训的更多机会来提高职业技术教育培训的吸引力。
- 对研究的投入对于满足不同群体的需求至关重要。

第 5 条：树立职业教育意识是通向幸福的大门。

- 我们需要为不同教育层次的学生创造一个以技能为基础的选修课环境。
- 社交媒体可以成为宣传职业技术教育培训重要性和价值的重要工具。
- 我们建议建立一个国际技能导师网络，来引导和激励我们这一代人。
- 从技能获得的回报可以用来支持社会和发展的需要。

第 6 条：我们强烈建议通过政府宣传和教育改革提高对职业技术教育培训的认识。

- 将职业技术教育培训纳入学校课程有助于发掘学生中隐藏的人才。
- 政府对榜样的认可对于改变社会对职业技术教育培训的观念至关重要。
- 至关重要的是启动职业技术教育培训方案，为参与其中的学生提供财政奖励和资金。
- 通过活动和咨询，来鼓励年轻人建立基于热爱的事业。

绿色之思

第 7 条：职业技术教育培训课程应当采用环境可持续的方式，并遵守国际标准和法规。

- 政府应该建立监管框架，并在高层次上促进绿色思维。
- 气候竞赛有助于创造创新和经济的解决方案，同时鼓励青年去绿色生活（所有年龄都可以参加此类竞赛）。
- 学校应引入规章制度和绿色教育，以强化气候变化意识。
- 应利用会议和网络平台帮助不同领域的人们分享他们的环保措施。

第 8 条：通过提倡节俭的观念，我们可以使用更少、创新更多。

- 我们需要提倡"廉价的"并不是"不好的"的观念。
- 通过教育，我们应该鼓励青年积极采取可持续的解决方案。
- 可承受性、高效率和可持续性是对各群体产生积极影响发展理念的关键。
- 我们有责任通过使用再生材料最大限度地减少我们的环境足迹。

第 9 条：投资可持续发展的技能是确保全球环境可持续性的第一步。

- 通过教育项目和课程来促进绿色思维至关重要。
- 我们需要从"蓝领工作"向"绿领工作"转变。
- 绿色创新的概念包括经济、社会和环境支柱，这些理念需要推广。
- 绿色技能应该通过政府政策的实施得到支持。

全球公民意识之思

第 10 条：教育是建立全球青年公民网络的通行证。

- 应通过互动平台来提高全球公民意识。
- 鼓励非正式教育、采用创新的教育体系至关重要。
- 政府合作可以设立促进和鼓励青年流动性的项目。
- 我们应该投资跨界团结来提高对技能的认可。

第 11 条：我们建议创建一个组织或网络，致力于宣传和连接成功故事。

- 这可以采取数字平台的形式，包括在线论坛、小组讨论和在线讲故事研讨会。
- 我们强调需要提请人们注意那些容易被接受的成功故事。
- 内容的可及性和效率可以通过与全球合作伙伴的合作来实现。
- 这种网络可以作为教育系统和成功专业人士之间的媒介。

第 12 条：将全球技能要求与地方教育实践相结合，可以帮助我们实现社会公平、可持续和繁荣。

- 必须利用技术进步促进技能、沟通和机会，而不受种族、性别、宗教和国籍的影响。
- 我们建议加强学生与本土之间的对话，辅之以强有力的教育体系和劳动力市场反馈。
- 我们认为，必须注重双元教育制度，这种制度要求具有独立的批判性思维、适应能力和技术技能(理论和实践)。
- 加强职业技术教育培训系统。政府和社区之间的协作将确保全球社会的利益最大化。

工业 4.0 之思

第 13 条：在全球化的世界里，数字革命将增加未来工作对动态技能的需求。

- 请记住，我们正在进入工业 4.0 时代，数字革命将提高效率，以更低的价格提供更多的商品。
- 我们确信数据的流动性需要我们建立跨国界的协作、跨功能的解决方案。
- 随着机器监管需求的增加，我们需要投资与未来工作需求相匹配的技能。
- 我们建议教育机构和系统采用创新的学习方法，包括跨学科的技能，如数据分析、解决问题、创意艺术、IT、决策和软技能。

第 14 条：通过信息技术和软技能进行教育转型将赋予个人驾驭未来智能产业的能力。

- 我们认为有必要弥合学校与工作之间的差距，并建立一个由有能力和熟练技能的年轻人组成的强人社会。
- 学校应该注重培养年轻人的社交技能、创造力和解决问题的能力。
- 法律和政治框架应鼓励以新企业的形式进行创新。
- 整合私营部门和政府主导的举措，使学生与智能产业相互联系至关重要。

第 15 条：终身学习是技能青年在复杂的未来的基本心态。

- 学校必须激发学生的好奇心，不断激励学生。
- 政府应该为企业和教育部门提供一个合作框架。
- 重要的是投资于一个现实或数字教育环境培训劳动力，使其有效地使用所提供的技术。

企业家精神之思

第 16 条：共享经济可以成为我们购买方式、学习方式和职业发展方式的催化剂。

- 共享经济重新定义了岗位，创造了新型的工作场所。
- 通过利用数字平台和全球网络驱动的关键 IT 技术，我们可以从共享经济中获益。
- 我们建议为方便信息的获取提供便利，以促进我们的教育和职业发展。

第 17 条：我们需要在社会各阶层营造一种鼓励企业家心态的环境。

- 企业家精神应该系统地融入教育机构中。
- 我们建议建立平台来分享问题、宣传经验、让人们可以了解不同观点。
- 政府应该通过制定有利于企业家的政策来建立风险管理环境。
- 企业家精神不仅仅是年轻人的一种思维方式，它还应该在所有人群中得到推广。

企业家精神

第 18 条：讲故事、能力建设和战略规划是成功创业的关键。

- 鼓励企业家相信自己并遵循自己的愿景至关重要。
- 我们建议建立无障碍平台，促进企业家之间的团队建设和交流。

国际职业技术教育和培训青年论坛

我们,代表全世界的青年,团结起来支持这一宣言,并承诺:遵守宣言,实践宣言,宣传宣言,确保宣言带来积极的成果和持久的影响。

我们强烈要求个人以及国际利益相关者,与我们携手共进,共同实施上述 18 条建议。

附录

2017年阿布扎比世界技能大赛项目团队

首席执行官办公室

首席执行官　Ali Al Marzouqi
执行董事　Aidan Jones
项目经理　Tony Beeching
高级项目干事　Fatima Easa Al Blooshi
管理层助理　Shamma Al Dhaheri

运营（教育）

运营总监　Birgit Steinbeck
特殊活动高级协调员　Hedda Dunker
活动协调员　Sadiece Holland
典礼协调员　Filipe Lima
会议协调员　Gunnar Gilgen
会议和活动协调员　Tatjana Lemajic
特殊活动干事　Anna Drozdova
特殊活动干事　Magdalena Hammond
会议干事　Faisal Anwar
视听助理　Mhd Amer Ammar
客户服务高级协调员　Michelle Hardy
成员支持协调员　Genaya Nahu
成员支持协调员　Eva-Maria Buchacher
客户服务协调员　Carmel Langen
酒店协调员　Denise Heckscher
客户后勤协调员　Klara Sadova
客户后勤协调员　Adam Staszkiewicz
交通协调员　Kay Clayden
临时设施与后勤协调员　Sandrine Simonnet
成员支持干事　Faten Zammouri
酒店干事　Elke Koehnke
认证官　Annie Maranjanian
客户后勤干事　Mostafa Magdy

教育和志愿者高级协调员　Miriam McCulloch
志愿者协调员　Heather Kennedy
教育协调员（校园行）　Sabrina Martinez
教育协调员　Ahmad Alzghoul
协议协调员　Aurelia Ruetsch
协议协调员（国际）　Lesleigh Klarmann
志愿者数据库和通信干事　Asma Al Awadhi
志愿者干事　Ashwathy Surendran
校园行干事　Mariana Gorges
教育干事（后勤）　Syed Ehsan Arif
教育干事　Noor Elchami
运营办公室助理　Aysha AlHamadi

技术（采购）

竞赛技术总监　Andrew Murfitt
采购和物流高级协调员　Nuha Luqman
采购协调员　Bilal Adada
采购干事　Maha Al Arini
采购协调员　Bara's Fadaaq
采购协调员　Ajay Matthew
采购干事　Christian Jay Hernandez
采购干事　Mariam Zayed
场馆高级协调员　Dariel Ward
场馆协调员　Nada Abu—Georgi
场馆协调员　Viotoria Maria Wahl
场馆干事　Chandni Gamani
场馆干事　Richard Hasney
技术高级协调员　Karla Pleasance
技术协调员　Ranavir Ghosh
标识协调员　John Toffollo

IT 协调员　　Joern Seifert	社交媒体协调员　　Noor Alsharif
IT 协调员　　Sven Larsen	社交媒体干事　　Ameena Al Hosani
竞赛高级协调员　　Stephen Powell	市场营销协调员　　Marzooq Al Bastaki
技术干事　　Saif AlMheiri	市场营销协调员　　Fatema Al Nuami
技术干事　　Sathish Ganapathi	市场营销协调员　　Claudia De Oliveira
技术干事　　Anam Khan	市场营销干事　　Karen Crummer
技术干事　　Frances Rogers	市场营销干事　　Qais Haddad
数据录入员　　Jeremie Agabin	平面设计师　　Ahmad Alkwaifi
数据录入员　　Sayoojya Dilip	传媒协调员　　Paula Kim
	公关协调员　　Sofia Gomaa
	机构和政府关系高级协调员　　May Al Hamli
	政府关系专员　　Safaa Al Khateeri
	政府关系专员　　Asmaa Bin Yamani

赞助、市场营销、传媒和公关

赞助、市场营销、传媒和公关总监　　Fahar Al Suwaidi

赞助高级协调员　　Hayete Jemai
赞助协调员　　Mohammed Al Makhzumi
赞助协调员　　Lynish Menezes
赞助协调员　　Rameem Mohamed
赞助账户干事　　April Claridad
高级数字协调员　　Robert Carroll
网页和视听协调员　　Paul Driscoll
社交媒体协调员　　Marwa Al Mansoori

财务和行政

财务和行政总监　　Nilesh Ambikar
财务高级协调员　　Rahul Rana
财务协调员　　Sandeep Gokhale
财务干事　　Mostafa Salem
人力资源办公室助理　　Abdulla Al Maskari

世界技能组织秘书处

首席执行官　　David Hoey	市场营销和传媒经理　　Shawna Bourke
首席执行官行政助理　　Cara McCormack	会议和项目经理　　Alex Musial
赞助和合作伙伴总监　　Alexander Amiri	财务和后勤经理　　Katherine Pilcher
竞赛项目总监　　Jane Stokie	成员服务联络员　　Ellen Coppens
市场营销和传媒总监　　Crispin Thorold	技术助理　　Luise Kuehnel
信息系统高级经理　　John Cox	数字媒体开发人员　　Fabian Vogler
高级软件开发人员　　Adam Walsh	合作伙伴和项目经理　　Grace Lung
高级网页开发人员　　Joni Aaltonen	世界技能组织基金会项目经理　　Nuria Portland

国际组织缩写表

ACTVET	阿布扎比职业技术教育和培训中心
ADEC	阿布扎比教育理事会
ADNEC	阿布扎比国家展览中心
DCTA	文化旅游部
DOF	财政部
DOT	阿布扎比运输部
ENEC	阿联酋核能公司
GAN	国际学徒制网络
GSEC	执行委员会秘书处
HOC	高级组织委员会（2017年阿布扎比世界技能大赛）
ICCA	国际烹饪艺术中心
ILO	国际劳工组织
KHDA	知识和人力发展管理局
KU	哈里法大学
MoE	教育部
SANID	阿联酋国家紧急救援志愿项目（SANID在阿拉伯语中的意思是"援助"）
SEDRA Foundation	教育发展、研究和包容意识服务基金会
SEHA	阿布扎比卫生服务公司（SEHA在阿拉伯语中的意思是"健康"）
UNESCO	联合国教育科学与文化组织
UNESCO-UNEVOC	联合国教育科学与文化组织—国际职业技术教育中心
ZHO	扎伊德残疾人组织